让我们陪伴孩子一起成长！

《父母必读》杂志养育系列图书

新蕊计划·北京市家庭教育公益大讲堂

12堂家教课培养孩子幸福力

北京市妇女联合会
北京市家庭教育研究会 编著

北京出版集团公司
北京出版社

图书在版编目（CIP）数据

12堂家教课培养孩子幸福力 / 北京市妇女联合会，北京市家庭教育研究会编著. — 北京：北京出版社，2014.1

ISBN 978-7-200-10129-4

Ⅰ.①1… Ⅱ.①北… ②北… Ⅲ.①儿童教育—家庭教育 Ⅳ.①G78

中国版本图书馆CIP数据核字(2013)第262639号

12堂家教课培养孩子幸福力
12 TANG JIAJIAOKE PEIYANG HAIZI XINGFULI
北京市妇女联合会　北京市家庭教育研究会　编著

*

北京出版集团公司
北京出版社　出版
（北京北三环中路6号）
邮政编码：100120

网　　址：www.bph.com.cn
北京出版集团公司总发行
新华书店经销
北京雁林吉兆印刷有限公司印刷

*

165毫米×230毫米　16开本　10印张　120千字
2014年1月第1版　2020年4月第3次印刷

ISBN 978-7-200-10129-4
定价：36.00元
质量监督电话：010-58572393

序一

培养能实现中国梦的孩子

许多家长都把实现自己的中国梦的期望寄托在孩子身上。

这是有道理的。

从现在起,到新中国成立100年时建成富强、民主、文明、和谐的社会主义现代化国家,这几十年,正是这一代少年儿童茁壮成才建功立业的大好时期。民族的理想要靠他们实现,新的幸福生活要靠他们创造。

家长们都在孩子身上倾注着自己的心血。许多家长也在为怎样才能教育好孩子而苦恼。

孩子怎样才能健康地成长,三灾八难,为什么常会来不断地困扰?

孩子为什么会不听话?

家长精心策划的教育,为什么常常收不到理想的效果?

为什么老是会出现一些意想不到的情况?

怎么会是这样呢?

这也不奇怪。

人的成长是一个非常复杂的过程。

在这个过程中会受到多种因素的影响。

年轻的家长缺少经验。

家长中的长辈又往往不能适应新的情况。

今天的教育是为孩子的明天作准备,而明天孩子可能遇到的情况,又不是今天的家长能全部预见的。

家长对孩子的教育当然不可能没有感情的因素。感情,或者说爱,是一种重要的教育力量,但同时也可能使家长的教育背离理性的思考,收到相反的效果。在期望值的设定、孩子成长素质的内涵、教育的时机、教育方法的选择和运用、对孩子的尊重和沟通等方面,误区是经常存在的。

所以,做了家长就需要学习,而且需要不断地学习。

自己没有经验不等于别人没有经验。

千万人，亿万人，世世代代的人成长的经验总结起来，就成为科学。科学就是规律性的认识。

科学需要被人掌握，被人运用，才有力量。

北京市家庭教育研究会邀请研究家庭教育的专家，举办名家大讲堂，收到很好的效果，是做了一件好事。

现在把一部分讲稿整理出版，这就更好了。千千万万家长因此可以共同分享教育子女的科学知识，而且可以随时针对自己的需要，结合自己的体会，通过书本，向专家请教，得到新的启发。

我希望这本书出版之后能得到广泛的应用。而且也希望在各种不同的层次上，还能举办类似的讲座。因为新的问题是层出不穷的。而且面对面的交流会有利于科学知识的理解和传播。更希望家长们在学习有了体会之后不忘继续学习，不断有新的进步。

因为这实在是一件大事，有关子女终身幸福的大事，有关家庭幸福的大事，有关民族幸福的大事。

大家都来培养能实现中国梦的孩子。

中国家庭文化研究会名誉会长
北京市家庭教育研究会名誉会长

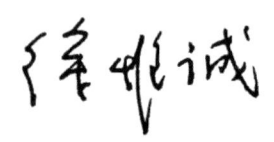

序二

为家庭文明建设贡献幸福的力量

　　家庭是社会的细胞,也是妇女最具影响力的社会领域。在推动首都科学发展、促进社会和谐的背景下,家庭文明建设日渐成为重要的民生需要。

　　家庭文明建设工作是社会主义精神文明建设的重要内容,是全社会的共同责任。推进家庭文明建设,也是妇联组织核心的工作内容。没有家庭文明,就没有民族文明;没有家庭和谐,就没有社会和谐;没有家庭幸福,就没有人民幸福。

　　幸福,每个人都心驰神往。作为家庭文明建设的重要环节和妇联工作的传统内容,家庭教育的终极目的也在于提升孩子的幸福力,培养会创造幸福的下一代。

　　孩子,是家庭的希望,是民族的未来。如何让我们的孩子理解幸福,具备追求幸福的能力,是我们努力的方向。一直以来,妇联组织以润物细无声的力量,在家庭教育领域孜孜以求地耕耘。通过调查研究、指导服务、选树典型,为家庭的和谐、文明提供有特色的服务,在家庭文明建设中发挥了积极的作用。

　　北京市妇联关注家庭教育的新情况、新问题、新需求,开展的相关研究表明,父母对子女教育及成长问题给予了高度的关注,对孩子能够保持民主、宽容、沟通的态度,但缺乏科学有效的教育方式,成为家庭代际关系的焦点。

　　作为家庭教育指导服务的品牌工程,"新蕊计划·北京市家庭教育公益大讲堂"持续多年为家长服务。大讲堂能够受到家长广泛的关注,源于它的高品质。讲堂集合了政府各部门和公益组织的力量,向社会各界开放。活跃在这个讲堂上的,是来自北京市家庭教育研究会等各方面的专家,他们深入社区、村镇、学校、妇女儿童之家等各类阵地,宣讲科学的家教知识。

　　评选北京市"千名好家长"是家庭教育工作领域生动的实践活动,体现了党政重视支持、妇联组织牵头、各方齐抓共管、群众广泛参与的家庭教育工作局面。好家长发挥了榜样的示范作用，也为广大家长提供了互相学习、彼此借鉴、共同提高的平台。

我们把专家的讲解和家长的经验集结成书，希望家长在重视子女教育投入的同时，亲子教育要更加专业和科学。在家庭文明建设中，逐渐培养平等、和谐的代际关系，采用科学有效的亲子教育方式，使父母更加了解自己的孩子，以更积极、主动、平等的态度与孩子沟通，更好地促进儿童，以及整个家庭成员的身心健康、和谐发展。

我们期待，建立家庭成员之间、家庭与社会之间、家庭与自然之间和谐共处的新型文明家庭模式，使家庭文明建设体现中华民族特色，凸显首都北京特点，融合传统文化与时代精神，为实现中国梦贡献力量。

对于我们每个人而言，渴望幸福的激情始终在燃烧，追求幸福的脚步从未停歇。让我们共同努力，传递温暖人心的力量，让孩子为幸福而美好的年华尽情绽放。

北京市妇联党组书记、主席

目录

第1章　教育就是养成良好的习惯

第一堂课　好习惯创造人生的财富　宗春山 / 2
第二堂课　小习惯决定大未来　关鸿羽 / 10
第三堂课　入学前的7项准备　钱志亮 / 24
第四堂课　智力和非智力因素同样重要　王宝祥 / 38

第2章　关注孩子心理成长

第五堂课　维护孩子的心理健康　常京娥 / 48
第六堂课　心理与成长　李玫瑾 / 64

第3章 亲子沟通有学问

第七堂课　做智慧型父母　胡玉顺 / 80
第八堂课　思维影响教育，教育需要沟通　齐大辉 / 90

第4章 营造绿色健康型家庭

第九堂课　　和谐家庭教育的构建　闵乐夫 / 104
第十堂课　　家庭教育面对严峻挑战，需要父母率先自我改变　周永琴 / 114
第十一堂课　创设良好的家庭环境　梁雅珠 / 128
第十二堂课　家庭教育中让成长与幸福同行　程 淮 / 140

第 1 章

叶圣陶先生曾经有一个著名的论断："教育是什么，往简单方面说，只需一句话，就是要养成良好的习惯。"习惯决定孩子的命运，抓住行为习惯培养这个根本，就抓住了家庭教育最有效的一条途径，抓住了家庭教育最基本的任务。

教育就是养成良好的习惯

第一堂课	好习惯创造人生的财富	宗春山
第二堂课	小习惯决定大未来	关鸿羽
第三堂课	入学前的7项准备	钱志亮
第四堂课	智力和非智力因素同样重要	王宝祥

第一堂课
好习惯创造人生的财富

授课专家

宗春山

北京市青少年法律与心理咨询服务中心主任、北京市家庭教育研究会副会长。多年来，一直致力于青少年心理健康教育、犯罪预防及青少年生命自护教育的工作，先后担任"中国儿童少年安全健康成长计划"专家委员、北京市青少年网络依赖课题研究"虹"计划专家成员，撰写出版《断乳》等多部专著。

精彩观点

● 好习惯是资本，你终身使用的是它的利息。
● 播种思想，收获行动；播种行动，收获习惯；播种习惯，收获性格；播种性格，收获命运。
● 抓住可以做好的每件事，积极的态度和习惯孕育着美好的未来。

第 1 章　教育就是养成良好的习惯

每一个人都是习惯的产物。举个日常生活中很常见的例子，老人煮饺子时，把饺子放进去，等水开了之后，会倒点凉水进去继续煮。其实，这种做法就是从过去沿袭下来的一种习惯。以前没有燃气灶，煮饺子用的是柴火灶，水开时，由于不能把柴火拿出来降温，就只能往里面加些凉水。而现在，我们只需要把燃气火关小就可以了，但我们已经习惯了之前的做法。

习惯是什么

首先，习惯是一种习得。习惯的养成是因为人们通过行为得到了好玩、有意思的体验，形成了一定受益感，慢慢便自主地养成了一种习惯。

其次，习惯是一种记忆。当你反复做同一件事情时，会在大脑皮层将记忆存储下来，就像在电脑硬盘存储数据一样。

最后，习惯是一种自动化，是一种条件反射。自动化是什么？就是不用动脑筋，随手就来。比如过去老北京人一见面就问"吃了吗"，或者出门时是先迈左脚还是先迈右脚，这些根本不需要思考。

接下来，我们来做个游戏。请大家跟我一起把手举起来，一边做动作一边跟着我说。先顺时针画圆，再逆时针画圆，顺时针的时候说老鼠，逆时针的时候说鼠老，老鼠老鼠老鼠……老鼠老鼠……猫怕什么？（大家回答）老鼠。想想为什么会发生这种逻辑性错误呢？那是因为我们一直在说老鼠，当我问猫怕什么的时候，你会不假思索地说是老鼠。所以，自动化就是你已经放弃了思维和选择，张嘴就说出来。

培养习惯的3个理由

第一个理由，趁早养成良好的习惯，一切不麻烦。国外很多学校都已经开设了习惯这门课程，叫作"生活技能教育"。在中国，一说生活技能以为就是做饭、穿衣服，其实不是。所谓生活技能应该叫作生存技能，它已经上升到了心理层面。第一是自我认识的能力；第二是共行的能力。一个好学生一定有着良好的学习习惯，但是学习习惯不仅是在学习中培养起来的，也是在生活和家庭中慢慢形成的。1978年，75位诺贝尔奖获得者在巴黎聚会，记者问其中一位获奖者："您的一生中最重要的东西是在哪所大学、哪个实验室里面学到的呢？"这位白发苍苍的诺贝尔奖获得者平静地说出3个字："幼儿园。"一个诺贝尔奖的获得者，认为重要的东西是幼儿园时期获得的。这个事例告诉我们，从小养成好习惯十分重要。

第二个理由，好习惯创造人生的财富。习惯是资本，你终身使用的是它的利息。现在我们的教育走入一个误区，把上大学当成是终极目标。事实上，大学只是一个学习、掌握技能的地方，我们的目标是要走向社会。播种思想，收获行动；播种行动，收获习惯；播种习惯，收获性格；播种性格，收获命运。从哪里开始思想，从哪里结束命运。5年前麦当劳新的全球CEO名叫贝尔，他没有上过大学，因为家里窘困失学了，他便开始了打工生活，什么活都干，后来在麦当劳当清洁工擦地。贝尔有一个特别好的习惯，无论干什么都认真干好，所以他把地擦得特别干净，总管看到后对他说："你想不想学习炸薯条的技术？"于是

> 播种思想，收获行动；
> 播种行动，收获习惯；
> 播种习惯，收获性格；
> 播种性格，收获命运。

> 俄国教育家乌申斯基说："好习惯是人在神经系统中存放的资本，这个资本会不断地增长，一个人毕生都可以享用它的利息。而坏习惯是道德上无法偿清的债务，这种债务能以不断增长的利息折磨人。"

他开始认真地学习炸薯条，学会以后炸得特别好。再后来，部门经理送他去外面培训学校学习，回来后从事公司管理工作。就这样，他凭借着自己良好的习惯，认真的工作态度，从一名普通的清洁工，到炸薯条的，再到公司的管理人员，最终成为了麦当劳全球的CEO。

第三个理由，坏习惯会成为家庭亲子冲突的一个重要原因。冲突问题主要覆盖了交友、恋爱、家庭关系、花钱、衣着打扮、家务、学习、课余活动、个人隐私、生活规律等多个方面。在这些问题中，排位第一是学习，第二是家务，第三是生活规律。

积极的思维习惯是隐形力量

俄国教育家乌申斯基说："好习惯是人在神经系统中存放的资本，这个资本会不断地增长，一个人毕生都可以享用它的利息。而坏习惯是道德上无法偿清的债务，这种债务能以不断增长的利息折磨人，使他最好的创举失败，并把他引到破产的地步。"

有这样一个故事。有位母亲生了两个女儿，大女儿卖雨伞，二女儿在洗衣房洗衣服。老太太希望两个女儿生意都做得好。一天下起倾盆大雨，她坐在门口哭。邻居问："你哭什么呢？"她说："你看看下这么大的雨，我二女儿洗的衣服晾不干了。"第二天晴空万里，她坐在门口又哭了。邻居说："你怎么又哭呢？"她说："这么好的天，我大女儿的雨伞卖不出去了。"人家说："老太太，你应该往积极的方面想一想，下大雨，你大女儿的雨伞就会卖得很好；天气晴朗，你二女儿的衣服就会干得很快。总会有收获的，不必担心。"现实生活中也有很多这样的人。很多家长使劲给孩子加压，唯恐学习落下，总想着排不到班里前10名怎么办，考不上大学怎么办。考不上大学是不是这辈子就完蛋了？不一定。

有人说考不上大学去奋斗会有更多挫折。敢于面对挫折，战胜困难也是良好的习惯，所以，更为重要的是，要用积极的思维看待事情，养成一个好的习惯。

每个人都有自己的习惯，有你家族思想的习惯，有你家族文化的习惯。俗话说，老猫房上睡，一辈传一辈，传的就是习惯，思维的习惯。这些习惯不是造就你就是毁掉你，你今天之所以站在这样的位置，取得这样的成就，就是你的习惯造成的，如果你习惯再好一点，你会比现在还优秀；如果习惯再糟一点，你会比现在还糟糕。习惯的点滴累积，影响造就了今天的你。

如何保持积极乐观的思维习惯

第一，抓住可以做好的每件事。 假设有两个圈（如下图所示），里面这个圈代表着你能够控制和把握的事情，外面这个圈代表你不能控制和把握的事情。这两个圈是相对的，当你把注意力放在自己不能控制的事情上时，里面的圈在缩小，等于你可以控制的事情在缩小。但是，如果你把自己的注意力放在能控制的事情上，则等于你控制的范围在扩大。

你不能控制的事情

你能够控制的事情

> 现在的孩子一定要先确定目标再有行动。当然，目标有长远目标和阶段性目标。而我们最终的目标是走进社会，做自己喜欢的事情，然后让自己幸福。

把自己能控制的事情处理好就可以，这就是积极的思维。我们要养成一个习惯，每发生一件事情时，要首先确定自己能控制的是什么，抓住可以做好的每件事。比如，孩子考试前就想如果考不好怎么办。你能控制这个事情吗？当然不能，你不能决定他的发挥水平。你能控制的是什么？督促孩子把作业做好，做完后仔细检查。

第二，积极的期望孕育着美好的未来。 我们没有办法把握将要发生的事情，但是可以把握对待未来的态度。把注意力集中在可以驾驭的事情上，积极的期望就会有积极的结果。很多人会有这样的经历——有的事情已经过去，可自己还天天想着这件事情，并为此烦恼。积极的期望就是活在此时此刻，把今天的事情做好，因为把今天的事情做好，就等于为明天奠定了良好的基础。所以，明天你再也不用为今天发愁了。这个道理很简单，但是很多人不一定做得到。

> 没有目标的人决定了要为有目标的人服务；没有目标就会增加人生成本；没有目标生活将没有动力，你选择什么样的目标就选择了什么样的生活。

第三，从积极的角度选择良好的人生态度。 发生了什么事情不重要，重要的是你怎么看这件事情，然后就会产生一种行为和情绪。有一位女士坐在飞机头等舱的贵宾室里吃着饼干，觉得渴了，去拿水。当她回来的时候，发现座位旁边坐着一位男士正在吃饼干。她很生气，心想："你怎么吃我的饼干呢？"于是，她就坐在那里看着这个男人。而这个男人看她这个样子，以为她要吃饼干，就递给她了。这位女士吃光了饼干，转身拿起包，瞪了一眼这个男人就走了。后来她发现自己的饼干还在包里面，她吃的是那位男士的饼干。此时，这位女士生气、愤怒的情绪立刻就转变为了深深的惭愧。人还是这个人，情绪却截然不同了，就是因为她对这件事情的看法和角度不一样了。

第四，积极的内在语言增强自信。思维是内在的语言，习惯有好和坏，我们的内在语言就有消极和积极两个方面。"我会试试看""我一向是这么干的""对此我无能为力""我只能""我不能""你扰乱了我一天的心情""那我没有办法"，经常说这些话的人一般是消极的。积极反应是什么呢？"我会做的""我能做得更好""让我们看看能有哪些可能的办法""总会有办法""我不会让你的坏心情影响我"，你有积极的内在语言，自然就会朝着积极的方向去做，而且也增强了自信。

我们每天早上起来把"我会做好的""我能更好""办法总比问题多""我选择"这些积极的语言说一遍，你的思维自然就会变得很积极。学习也是这样，好学生的自我效能较强，他相信自己能做好，可以获得老师和同学的尊重，这就是内在的积极的语言。

明确真正想要的目标

为什么很多孩子做事情没有动力呢？这个世界上没有懒惰的孩子，只有没有目标的孩子。他不知道往哪儿走，不知道为什么学。所以，现在的孩子一定要先确定目标再有行动。当然，目标有长远目标和阶段性目标。而我们最终的目标是走进社会，做自己喜欢的事情，然后让自己幸福。

目标不是目的，目标是树枝，目标背后的东西——目的，才是你要的东西。所以我们经常说要有远大的目标，其实不然，应该是我们要有远大的目的。我们需要明确自己真正想要的是什么，人生有很多事需要思考和挖掘。

人是目标性动物，人的困惑与焦虑多源于目标的缺失，当你真的没有目标时，就会焦虑。没有目标的人决定了要为有目标的人服务；没有目标就会增加人生成本；没有目标生活将没有动力，你选择什么样的目标就选择了什么样的生活。

青少年正处在人生的十字路口，明确真正的目标对他们来说就是人生前行的信号灯。

第一，你是上大学还是就业；第二，你是要父母还是要朋友；第三，要不要爱情，性怎么处理；还有，吸不吸烟，喝不喝酒，犯不犯罪，有没有信仰……这些是在青春期必须想的。《爱丽斯漫游仙境》大家都看过，有一天她走到一个十字路口，遇到一只猫。她问猫："我要往哪儿走呢？"猫说，看你要去哪儿。爱丽斯说到哪里去都无所谓。猫说，那你选哪个路口也无所谓。其实，人生就是如此，没有目标也就没有方向。

　　俞敏洪讲过这样一个故事。他的父亲是一个农民，也是木匠。村里凡是有人家盖房子，都邀请他去做家具，每次给人打完了家具回来，他都用自行车驮着一个大尼龙口袋，里面装的都是碎砖头。妻子就责备他说："捡什么不好，净捡烂砖头。"他爸爸也不吭声，照捡不误。慢慢地，他家院子边上堆起来一座小山。有一天早上起来，他爸开始挖沟、量线、和灰，然后一块一块地垒砖，两个星期以后，把房子盖了起来。他的父亲就是先明确了目标，确定了方向，才会每天捡砖头，并持之以恒。想一想，我们的学习、工作、生活中的每一次考试其实是什么，就像这单块砖头散落在那里没有任何意义，孤立地看它们就是一种学习、一份工作、一次考试，但是如果你知道心里的房子是什么，就会知道今天走的每一步跟那个目标的关系是什么，继而一步步地走过去。

　　所以，不管我们是青少年还是成人，做任何事情，如果没有一个目标就去行动，很有可能形成方向相反的习惯，做了很多，但是没有意义。

> 第一，重要的事情先做。第二，双赢。第三，要养成理解、倾听、沟通的习惯。第四，养成友善用脑、关爱身体的习惯。

让自己多一些好习惯

　　我们除了要养成上面提到的积极的思维习惯和先有目标后有行动的习惯，还应养成其他一些好习惯，使我们的人生更加成功。

　　第一，重要的事情先做。任何事情别急着做，先排排轻重缓急。时间是一分钟、一秒钟浪费的。孩子做作业也是这样，弄清楚哪个最重要，会的可以少做，不愿意做哪个就先要做哪个。

第二，双赢。 双赢是指在竞争的关系中，争取让双方都获益的局面。这在处理同学关系中是非常重要的。现在的孩子只顾自己学习好，不考虑跟同学的关系，比如在班里担任社会工作。但是，人最重要的不是学习，而是接触社会的能力，学习成绩再好，如果社会交际能力差，同样得不到更好的发展。因此，要双赢就是不仅自己学习好，也尽可能帮助同学们一起好。在家长教育孩子时同样也要讲究双赢，和孩子共同成长。家长教育孩子的时候不可以使用权威。滥施权威，孩子表面服从，内心则是抗拒的，而且容易产生逆反心理，造成抵触情绪。

第三，要养成理解、倾听、沟通的习惯。 这是父母和孩子之间，也是孩子和同学之间，孩子与社会之间应该具备的3个重要的能力。

第四，养成友善用脑、关爱身体的习惯。 充分睡眠，饮食平衡，远离成瘾行为，关爱心灵，关爱身体。每天睡眠8小时以上、有氧运动45分钟，在28岁之前就要把身体储备好。

我想对家长说

人要成功，关键不在于知道了多少好习惯，而在于实践了多少。因此家长要从小帮助孩子养成好习惯。很多习惯从小伴随着孩子甚至您的成长，积极乐观的习惯，明确的人生目标潜移默化地影响着孩子的未来。所以，是习惯而非环境在决定孩子的命运，习惯是一种顽强而巨大的力量，它会影响人的一生。成功从培养好习惯开始。我们养成好的习惯，然后好习惯铸就今天的我们。

第二堂课
小习惯决定大未来

授课专家
关鸿羽

北京教育学院教育管理室原主任、北京市家庭教育研究会常务理事。先后在中央人民广播电台、中央电视台、北京电视台主讲教育节目，并开设《关教授教育漫谈》《关老师谈家教》专题节目，撰写出版《教育就要培养习惯》《学习就要掌握方法》《成才就要发展智能》《没有沟通就没有教育》等多部专著。

精彩观点

● 教育的关键期是指人生学习的最佳时期。在这个年龄段对孩子实施某种教育，可以事半功倍，一旦错过了这个年龄段，再进行这种教育，效果就差多了，甚至终身难以弥补。

● 没有训练，就没有好习惯。

● 习惯培养要抓早、抓小、抓紧、抓好。

● 家长教育孩子一定要做到严中有爱、爱中有严、严爱结合、刚柔相济。

● 今天适当的约束是为了明天的自由。孩子小时候一定要重视养成教育，如果小时候不塑造，大了再改造就很难了。

● 家长教育孩子要坚持8个字：管而不死，活而不乱。要管，但不要管死；要活跃，但不要造成混乱，尤其是在道德上。

第 1 章　教育就是养成良好的习惯

叶圣陶说:"教育是什么,简单地说,只需一句话,就是要养成良好的习惯。"培根说:"习惯是一种顽强的、巨大的力量,它可以主宰人生。"小习惯决定大未来,习惯培养实在太重要了。

据我调查,目前我们的孩子在习惯上存在很多问题,很多孩子被冠以小懒虫、小磨蹭、小马虎等称谓,所以对他们来说,养成好习惯就更为棘手。

家校配合培养孩子的好习惯

要培养孩子的好习惯,学校、家庭都很重要,而且家庭和学校要保持一致,否则就很难形成好习惯。那么,如何完成学校和家长的密切配合,更好地帮助孩子养成好习惯呢?

联动学校,更新孩子最新情况

现在有的孩子有两面派的现象。因此,家长最好一个月左右主动到学校拜访老师一次,除了了解孩子的情况,也了解一下学校的整体教育情况,特别是学校最近开展了哪些教育活动,学校最近对孩子提了哪些要求,学生有哪些不良倾向。这样才能主动配合学校教育。

能否与学校配合好,关键还在于家长有没有主动配合的意识。有了这个意识,在家里说话、办事就会注意与学校同步；反之，就有可能背离学校的教育宗旨，甚至起了拆台的作用。家长在日常的言谈举止中要时刻提醒自己和学校保持一致，同时也要学会换位思考，想想如果我是老师，我会怎么办。

正确教育观念做引导

要培养孩子良好的行为习惯，家长要转变观念，一切从教育出发，从长远角度考虑，不要只为眼前而溺爱孩子。日常生活中教育孩子的理念要向学校正确的教育理念靠拢。曾经有个学校搞远足活动，家长就跟在学生的后面看着孩子，到了晚上老师去检查，发现床底下有一个人，吓了一大跳，原来是孩子的爸爸藏在床底下。这位家长爱护孩子的心情可以理解，但是由于教育观念错误，不但没有起到好作用，反而造成了不良影响，不利于孩子养成吃苦耐劳的好习惯。

借鉴老师科学的教育方法

教育是专业性很强的工作，老师学习过教育学、心理学，通常来说，在教育理论方面比大多数家长水平要高一些，尤其是有着多年教学经验的老师，家长多向老师请教，不仅会受益多多，也有利于和学校形成一种合力，对培养孩子的行为习惯大有裨益。

养成教育起步要早

教育的关键期是指学习的最佳时期。 在这个年龄段对孩子实施某种教育，可以事半功倍，一旦错过了这个年龄段，再进行这种教育，效果就差多了，甚至终身难以弥补。

一位外国研究学者做了这样一个实验，他把小猫按大小分组，把它们的眼睛蒙起来，后来发现，出生三四天之后就把眼睛蒙起来的小猫永远看不见了，因为出生三四天是它们眼睛发育的关键期。

> 孩子形成习惯的关键期就是在幼儿园和小学，初中是弥补阶段，到了高中就比较困难了。因此养成教育要抓早、抓小、抓紧、抓好。

我认为，人的成长和习惯的养成也有重要期，如下图所示。

6~7岁	8~9岁	9~10岁	10~11岁	13~14岁
学习习惯培养	纪律分化	由注重后果过渡到注重动机	学习兴趣培养	逻辑思维发展

孩子形成习惯的关键期就是在幼儿园和小学，初中是弥补阶段，到了高中就比较困难了。因此养成教育要抓早、抓小、抓紧、抓好。

好习惯需要训练

我认为，没有训练就没有好习惯。没有喊出来的好习惯，只有练出来的好习惯。现在家长说教过多，训练太少，所以建议大家要增加训练。

持之以恒，连续训练

不同的习惯，不同的孩子，训练时间是不同的，但多数在6周左右。培养良好的行为习惯，不在一朝一夕，贵在长久坚持，切不可前紧后松、一曝十寒，家长一定要有韧性。

严爱结合

训练就要严格，没有严格要求就不叫训练。现在有些家长过于溺爱孩子，严格不起来。凡是溺爱都不会训练出好习惯。所以，家长教育孩子一定要做到严中有爱，爱中有严，严爱结合，刚柔相济。

抓好第一次

任何教育第一次都是非常重要的。很多时候，第一次教育都不是发生在学校，而是发生在家里，所以家庭教育就显得尤为重要。

小时严，大了宽

有些家长忽略了孩子小时候的训练，认为"树大自然直"，但由于小时候娇惯孩子，等到孩子上中学时，往往会暴露出很多问题，这时候家长又处处管教，结果反倒造成孩子产生逆反心理。如果小时候管理严格，养成了好习惯，长大了放松一点也没有关系。我认为，今天适当的约束是为了明天的自由，所以小学阶段一定要重视养成教育，如果小时候不塑造，大了再改造可就难了。

教育孩子要赏罚并重

有人提出"好孩子是夸出来的"，我觉得这个口号过于极端。家长在教育孩子的过程中应该多鼓励、多夸奖，但是家长一定要掌握好尺度，不能过分依赖表扬这种方式来教育孩子。教育需要表扬也需要批评，甚至还需要惩罚。我们不能把赞美的作用过分夸大，将其绝对化。青少年就像正在成长的小树。小树苗长成参天大树需要园丁不停地为其浇灌、施肥、剪枝和除虫。如果我们把表扬、鼓励、赏识当作施肥、浇水，那么批评、惩罚就是剪枝、除虫。孩子的成长难免会遇到问题，批评是为了他更健康地成长，现在有些老师、父母只表扬不批评，出现了过度表扬的现象。实际上，教育并不排斥批评，适度、合理的批评本身就是一种教育。

教育必须讲究辩证法，我赞成多赏识、多表扬、多鼓励，但家庭教育不是夸夸就成的，还需要有家长的身教、家庭的环境、科学的教育方法等。方法中有表扬，也有批评，还需要实践锻炼、严格的训练，等等。廉价的、无原则的夸奖会让孩子对夸奖习以为常、无动于衷。无原则的表扬，过多、过分的表扬其实都不利于孩子成长，而且还会带来负面影响。第一，孩子容易骄傲自满；第二，孩子将来不适应社会；第三，孩子心理承受能力差。

当然，家长在使用负强化（即批评和惩罚）时，也要注意掌握科学方法，讲究艺术性。不要造成家长出了气，可孩子不服气的情况，继而产生不良的教育效果。

> 无原则的表扬，过多、过分的表扬其实都不利于孩子成长，而且还会带来负面影响。孩子容易骄傲自满；孩子将来不适应社会；孩子心理承受能力差。

教育中的语言艺术

说服教育是家长在培养孩子习惯时常用的方法。家长的说服教育也要讲究科学方法，学会掌握教育中的语言艺术。

切忌讽刺、挖苦，要以理服人，尊重孩子的人格

教育孩子的同时必须尊重孩子。面对孩子的不良习惯，家长要有耐心，即使屡教不改，也不能讽刺、挖苦，不要使用语言的刀子，更不要向孩子的人格开炮。美国人对孩子引导多于训斥，他们对孩子说话多用"我觉得……会好些""我建议……""你愿意听听我的看法吗？"等。这样的谈话会启发孩子思考，在思考的基础上再作出判断。

切忌唠唠叨叨，要简练、深刻

有心理学研究表明，当载有新信息的语言第一次讲出时，对大脑刺激最大、产生的印象最深，但同一内容反复多次，就会使大脑皮层产生某种抑制，自动关闭其接受系统。在这种情况下，再唠叨下去，家长的话只能变成无关痛痒的废话，有时甚至会造成逆反心理，成为一种"精神噪音"，其实孩子根本就没听进去。所以，教育者要提高水平，讲究语言艺术，孩子越大，越要做到简练、深刻，点到为止。

切忌空话、大话，要有情感交流

现在的学生水平普遍提高了，他们不需要那些"冷冰冰的真理""空洞干瘪的说教""言不由衷的装腔作势""冷酷的、僵化的训诫"，而需要坦率的、真诚的、充满感情的教育。

切忌盲目性，要做到"事先备课"

家长在教育孩子前，需要精心准备。比如，讲什么道理，选取什么事例，准备达到什么目的，等等。

切忌脱离实际，要符合孩子年龄特点

每个孩子都是一本书，就看我们能不能读懂孩子这本书。说服教育要特别注意研究孩子的心理，只有符合孩子的心理水平的教育，才能在父母与孩子之间产生共鸣。

8招练就孩子好习惯

激趣法

激发兴趣与严格训练相结合，让孩子在严格的习惯训练中找到乐趣，有助于培养孩子良好的习惯。比如，曾经有一位家长向我咨询，说他的孩子睡觉前脱下鞋子就乱扔。我建议家长可以在床边画几个鞋印，睡觉前和孩子来一场比赛，看谁能把鞋准确地放到鞋印里，家长假装失败几次，奖励孩子做得很好。天天比赛，时间长了把鞋印擦了，孩子也会习惯性地把鞋脱了放在床前，好习惯就这样形成了。训练中增加一些游戏元素，训练形式呈现多样化，让孩子在一种愉快的活动过程中，不知不觉地养成好习惯。

> 语言环境、情感环境、人际环境、道德环境影响着孩子的心灵成长，塑造着孩子的人格。

分解法

分解法强调的是明确要求与具体指导相结合。现在的家长对孩子要求很多，但是指导不够。比如，家长让孩子说"谢谢"，虽然看来很简单，但不细致讲解、指导，孩子就不能完全理解。家长在指导时需要告诉孩子在什么场合怎么说，要把"谢谢"这个词分解，从声调、表情、眼神、体态等多个方面对孩子进行训练。

制约法

> 让孩子在家中有针对性地贴上名言、警句，这些都是为了让孩子及时做到自我提醒。

制约法强调的是纪律制约与自我要求相结合。养成良好的习惯需要内部的意志力和外部的强制力，孩子自觉性不高，纪律制约就起到了关键性作用。家庭必须制定家规，以此来约束孩子的行为。但是，良好习惯的形成不仅要依靠纪律制约，还要把纪律制约与自我要求紧密结合起来。我们提倡孩子自我要求、自我教育。鼓励孩子把自己容易犯的错误写在小纸条上贴在铅笔盒中，让孩子在家中有针对性地贴上名言、警句，这些都是为了让孩子及时做到自我提醒。我们要好好夸奖用意志力自我克制、自我要求的孩子，充分挖掘孩子内部的意志力。

疏导法

这种方法强调的是反复强化与积极疏导相结合。训练需要反复强化，但是也要注意正确地进行疏导。通过孩子的兴趣爱好，来培养好习惯，如孩子爱唱歌，就通过唱歌来培养习惯。这是自然的、易于孩子接受的办法。

渐进法

这种方法需要将严格要求与循序渐进相结合。教育中要严格要求，但是不要将标准定得太高，这样反而会事与愿违！所以教育强调一句话，伸手摸不到，跳一跳能摘到。现在有的家长给孩子的标准特别高，考试得90分都挨骂。其实，我觉得标准就是6个字"低要求，小步走"。

体验法

我们强调实践锻炼与强化体验相结合。 马卡连柯曾说，在学生的思想和行为之间有一条小小的鸿沟，需要用实践把这条鸿沟填满。实践之后才有体验和感悟，才能养中育情，以情促成。当然，在实践过程中家长还要引导孩子产生正确的体验。孩子洗碗的过程中，家长如果不引导，孩子可能体验到的是满手的油腻，很不舒服，以后就会不愿意再洗碗了。但如果家长说："哎呀，不怕脏、不怕累，宝贝真棒！"孩子就会从妈妈高兴的情绪表达中体验到一种快乐和满足感，当这种快乐与满足超过了洗碗这一行为中的负面感受，孩子今后就会慢慢养成勤劳的好习惯。

身教法

未成年人都是在模仿成年人的过程中长大的，所以，为了孩子的健康成长，家长要努力成为孩子的榜样。

1.以行导行。家长要提高自身的修养，注重细枝末节，不要放松对自己的要求。

2.以学促学。家长的学习兴趣直接影响孩子的学习兴趣，家长的文化素养对孩子的学习成绩和道德教育都会有影响。

3.以情动情。情感不是说出来的，而是熏陶出来的。要培养孩子善良的感情，家长必须有一颗善良的心。

4.以意炼意。习惯训练要有意志力，家长意志坚强，不怕困难，孩子才会有顽强的精神。

5.以性养性。以我们良好的性格培育孩子良好的性格，性格过于急躁或者过于懦弱都不利于教育孩子，家长要找到一个刚柔相济的平衡点。

境教法

　　境教法也称环境熏陶法，是指家长创造和利用良好的家庭环境来教育孩子的方法。它是在日常生活中经年累月、潜移默化地熏陶孩子，是一种以隐形教育为主的间接教育法。精神环境熏陶是家风的熏陶，包括家庭生活方式和家庭文化氛围的影响。家风是一种综合的教育力量。它是思维方式、生活习惯、情感、态度、精神、情趣等多种因素的综合体。语言环境、情感环境、人际环境、道德环境都时刻影响着孩子的心灵成长，塑造着孩子的人格。它是一种无言的教育，也是一种最基本、最直接、最经常的教育。

应对问题，练就学习好习惯

　　现在的孩子在学习习惯上普遍存在3个问题：马虎、磨蹭和不专心。对于这些毛病，我们可以有的放矢，各个击破。

应对马虎，制作错题集

　　第一，为孩子准备一个错题本，凡是错题都要重点抄录复习，一段时间进行一下分类整理。

　　第二，用红笔重点标注错误之处，让孩子找到哪里错了，加深印象。

　　第三，找出错误的原因，为什么会出错，哪一步出错了，吸取教训。

　　第四，写出正确答案，重新做一遍，做对为止。

应对磨蹭，写作业要计时

　　我们可以在孩子写作业时，给他一个计时器，同时将写作业的时间及时地反馈给老师，或者家长可以同孩子一起比赛，比如，在做口算题的时候。这样可以渐渐纠正孩子磨蹭的问题。

应对不专心，用"舒尔特方格法"和追视法

第一，"舒尔特方格法"。

画一个表格（如下图所示），让孩子在格子内任意填写上阿拉伯数字 1~25。训练时，要求孩子用手指按1~25的顺序依次指出其位置，同时诵读出来，七八岁的孩子可能需要42秒，12~14岁的孩子可能需要26秒，这样像做游戏似的每天坚持练习，可以提高孩子的注意力水平。

11	18	24	12	5
23	4	8	22	16
17	6	13	3	9
10	15	25	7	1
21	2	19	14	20

第二，追视法。

比如，有10条像乱麻一样的线，一条线前面写"1"，然后让孩子顺着它找到尾巴，在后面写上"1"，第二根写上"2"……最后到第十条，这个如果能在1分钟内完成就说明孩子很专心了。

把好的学习方法变成习惯

"六先六后法"

第一，先计划后学习。

一二年级的孩子要有一个作息时间表，三年级以上的要有目标。

第二，先预习后听讲。

这样上课的时候和老师配合就会特别默契。

第三，先复习后做作业。

记忆和理解重点以后再做作业，提高完成作业的质量。

第四，先调整心态后参加考试。

考试前家长不宜给孩子过多压力,要帮孩子学会放松。

第五,先独立思考后请教别人。

当孩子问问题时,不要直接告诉他结果,要引导启发他独立思考。

第六,先打好基础后灵活思维。

只有先记住基本的概念和原理,才能举一反三。

边读边想六设问

孩子课前预习时,带上这些问题读书,使学习过程更有效率。

1.这个公式为什么是这样而不是那样?

2.增加条件行吗?减少条件行吗?

3.哪些是重点?

4.哪些是难点?

5.哪里还有疑点?

6.哪些知识与旧知识有联系,有怎样的联系?

过电影法

过电影法就是指闭着眼睛回顾一天所学习的内容。老师都讲了哪些题目,题目分了哪几个部分,这几个题目的关系是什么,中心是什么,结论是什么。过电影式的复习,一天可以重复很多遍,当然这个方法也要因人而异。

复习的"六基""五要素"

首先,复习要牢记"六基"。基本概念要牢记,基本公式要熟练,基本规律要理解,基本体系网要形成,基本例题要吃透,基本疑点要攻克。

其次,理解消化问题有5个要素。弄清来龙去脉,沟通相互关系,掌握推证过程,了解相关、相似、相对概念的异同,明确知识的性质、价值和用途。

最后,教孩子审题也有5个字要记住: 全、细、准、懂、稳。

思维习惯决定学习能力

我认为具有创造力的孩子具备以下这些特点，如下图所示。

- 独创性 新颖性
- 变通性 敏捷性
- 逆向性 质疑性
- 迁移性 跳跃性
- 重组性 综合性
- 发散性 求异性
- 流畅性 联动性

这些特点你的孩子有没有？如果现在还不具备，就要开始培养，孩子长大了，形成了思维定式，就很难改变了。

很多家长认为行为习惯很重要，其实现代社会思维习惯也越来越重要。我们现在进行的课程改革和将来的考试改革，都开始侧重对孩子综合能力的考查，而不是停留在知识层面的检验。将来的考试可能更注重对孩子智力、能力的综合考查。

比如这类考题，一张纸有4个角，不折叠的情况下，剪一刀后还剩几个角？答案可以是3、4、5。这类题目答案没有唯一性，谁的想象力丰富就可以得分。这种题多了，如果孩子还死记硬背就要吃亏了。目前，不同的学科都逐步从知识考核向综合能力、智力能力考核方向改革。我们国家也逐步从学历社会转向能力社会、素质社会。社会对孩子的要求在逐步提升，这就要求孩子具备学历的同时，还要有良好的社会能力。所以家长要注意不能只看分，一定要注重孩子能力的培养。家长可以从研究思维开始，关注孩子综合能力的培养。

以下是不利于智力发展的个性特征。

1. 缺乏敏锐的观察力，对什么都熟视无睹。
2. 缺乏好奇心和求知欲，对什么都无所谓。

> 教育孩子，行为习惯上要严一点，思维上可以放宽一点。家长教育孩子要坚持8个字：管而不死，活而不乱。

3.认为什么都没有问题，害怕问题过多，对什么也不怀疑。

4.缺乏冒险精神，害怕失败，没有竞争意识。

5.思维刻板，缺乏从不同角度看事情的习惯。

6.浅尝辄止，缺乏深思的习惯。

7.性格古板不活泼，没有幽默感。

8.闭塞心态，不开放，缺乏想象力。

9.墨守成规，不善变通，态度消极。

10.优柔寡断，没有主见，从众心强。

11.过分依赖权威。

12.缺乏自信心，不敢尝试新事物。这些对孩子智力发展都没有好处。

培养孩子思维习惯的3个方法

不听话法

中国的传统观念里听话就是好孩子，不听话就是坏孩子。其实，听话是优点，但太听话就是缺点。听话本来是好事，但是什么都唯唯诺诺，这个孩子将来注定是没有出息的。所以教育孩子，行为习惯上要严一点，思维上可以放宽一点。家长教育孩子要坚持8个字：管而不死，活而不乱。要管但不要管死，要活跃但不能造成混乱，尤其在道德上。

标新立异法

第一要允许，第二要鼓励，第三要引导。有的孩子问为什么西红柿越长越大，为什么没有特别小的西红柿？结果有了小西红柿。后来孩子问为什么没有方的西红柿？后来外国专家研究出方西红柿，因为方西红柿也有优点，放在筐里不乱滚。所以要允许孩子胡思乱想，但是不允许他胡作非为。

挑战法

我们的孩子越大越没有挑战性。给孩子出一道错题，有一艘船上有23只羊和15头牛，请你计算一下老船长的岁数。一年级学生算到一半，有7个学生提出质疑，老师您的题出错了，羊与牛和船长的岁数没关系。三年级就剩4个学生提出质疑，五年级就剩下2个学生勇敢提出了问题，到初一年级一个提的都没有了，全都在苦苦纠结题目的内在关系，做不出来还会觉得自己是不是太笨了。

其实，家长可以每天给孩子出一道思维训练题，日积月累就能培养孩子良好的思维习惯。比如，某个人在屋内读书，突然停电了，屋里漆黑一团，但这个人还能继续读，这是怎么回事？答案是这个人是盲人。用3根火柴摆一个小于4、大于3的数，用3根火柴摆出圆周率π……这就是数字思维题。这些都有助于孩子思维习惯的培养。

我想对家长说

正如法国教育家卢梭所说，生活本身就是一种教育。家长一定要给孩子创造一个良好的家庭氛围，用积极的家庭教育配合学校教育，用优良的家风影响孩子，以自己的良好习惯感染孩子。在习惯养成的关键时期，通过更多有效的科学方法，让孩子在自然快乐的环境中潜移默化地养成良好的学习、生活习惯。感受和谐温暖的家庭，沐浴积极健康的精神阳光，他们的心情总是愉快的，精神总是饱满的，思想总是积极进取的，行为习惯自然也是良好的。

第三堂课
入学前的7项准备

授课专家

钱志亮

1990年毕业于北京师范大学并留校任教。他先后在杭州大学心理系、东北师大教育系、美国波士顿学院、德国汉堡大学、澳洲昆士兰科技大学等学习，现任职于北京师范大学教育学部；兼任国家基础教育课程教材专家工作委员会成员、中国儿童安康成长专家委员会秘书长、北京市家庭教育研究会常务理事兼副秘书长、教育部和财政部"国培计划"专家。已出版专著18部，参著12部。

精彩观点

- 比分数更重要的是健康，比健康更重要的是安全，家长要从小培养孩子的安全意识。
- 对孩子情商的培养比智商开发更重要。
- 只有充满自信，孩子才能够勇敢地面对学习当中的困难和各种挑战，才有可能取得良好的成绩。
- 有时候，教育需要迂回，需要委婉，需要给孩子一个台阶。
- 不要等出了问题，孩子已经迷恋网络了，才想起把他拽出来。买电脑的时候就要告诉他，这是个学具而不是玩具。

第 1 章　教育就是养成良好的习惯

孩子一生当中有至关重要的几步，入学是孩子一生中第一段真正艰难的日子。家长需要从入学时的心理准备、带孩子了解学校，培养孩子的安全意识，生活方式的准备，家庭学习氛围的准备，学习习惯的准备和孩子入学成熟水平这7个方面帮助孩子做好准备工作；让孩子顺利地开始小学学业。

进入小学是一个重大的人生转折

在孩子们开始正规的学校教育之前，他们需要具备入学所需的各种知识储备，心理调适。这些，都是入学准备所包含的内容。国内外的大量研究表明，16%～35%的孩子都没有达到必要的准备状态。没有作好准备的这些孩子，在未来的学习生活中会面临更高的发展风险。

孩子从幼儿园到上小学是一个重大的人生转折。在这个过程中，他们将面临许多突如其来的变化。

第一，人生的使命发生了变化。在幼儿园里，孩子的任务就是一个字：玩。上了小学之后，他的任务转到了学，除了学之外还要习，即练习、复习。学习将耗费孩子大量的脑力和时间。

第二，学习环境发生了变化。孩子上小学，离开了熟悉的幼儿园环境，到了一个新的校园环境当中，接触到的是新的小伙伴，老师也不一样了。

第三，学习内容发生了变化。幼儿园主要学习的是游戏、活动，而到了小学之后，学习的内容主要是知识和技能。知识需要不断地记忆，才能真正印到脑子里；技能则必须通过反复地练习，才能变成自己的能力。

第四，学习方式发生了变化。在幼儿园里，更多的是由观察到操作；可上学之后的学习方式变成了记忆、读写，它不再是只通过眼睛看，更多的时候需要大脑记忆，并且把知识回忆出来，认出来，把结果表现出来。

第五，师生关系发生了变化。在幼儿园里，老师是保育与教育相结合。而上了小学之后，老师的职责重心则开始转向传授知识方面，并开始培养孩子的独立能力。

> 进入小学是一个重大的人生转折，将面临诸多变化：
> 人生的使命发生了变化，
> 学习环境发生了变化，
> 学习内容发生了变化，
> 学习方式发生了变化，
> 师生关系发生了变化，
> 社会角色的变化，
> 孩子的生活方式与生活习惯的变化。

第六，社会角色的变化。幼儿园里都把孩子叫作小朋友，而上了学之后孩子马上就被称为小学生，成了以学习为主的小同学。

第七，孩子的生活方式与生活习惯的变化。最明显的就是睡眠方式的变化。在幼儿园时，中午要睡午觉，可上了小学之后大多数孩子必须适应没有午觉的生活。

所有的这些变化都会使很多孩子在一开始上学的时候遇到许多难题，但是如果我们提早关注了这些问题，预先作一些准备的话，孩子就会有一个平稳的过渡期，较快地适应新的环境，就不会遇到那么多困难了。

心理准备：更有兴趣，更自信

和孩子谈心

孩子正式上学之前，家长要坐下来跟他聊一聊，看看他对学校、学习有没有什么疑虑，此外，通过聊天，也可以激发他的学习兴趣，让孩子对学校充满兴奋与期盼。有期待才会有向往，有向往才会有浓厚的兴趣。

读古文经典

入学前，家长不妨陪孩子一起读《三字经》。三字经里有不少劝学的内容，通过《三字经》，可以调动孩子自主学习的积极性。此外，家长还可以和孩子一起读《弟子规》，让孩子懂得做人、做事的道理。

学习自我介绍

在孩子进入校园前，应该让孩子学会自我介绍，从而发现自我、认识自我。最好给孩子准备一份个人档案，包括孩子身体的基本信息、特殊病史、家庭联络方式、孩子语言发展的状况、情感特点、社会交往、艺术、肢体运用能力，等等。这样可以帮助老师快速、全面地了解孩子的情况，也会为孩子创造一个很好的学习环境。

这些准备工作，都是为了帮助孩子建立上学的自信心。只有充满自信，孩子才能够勇敢地面对学习当中的困难和各种挑战，才有可能取得良好的成绩。

带孩子了解学校生活

上学之前，家长可以带孩子去小学参观。看到哥哥姐姐们在美丽的校园里学习、游戏，也会让孩子们心中产生渴望，期待自己也成为他们中的一分子。

首先，可以介绍学校的历史和现状，让孩子对自己的学校有一个良好的印象。

其次，家长可以利用双休日，带孩子去小学门口转一转，亲自体验一下上学的路程。

最后，可以请已经上学的哥哥姐姐向孩子传授一下学习心得，讲讲学校里有趣的地方和故事，说说小学上课和在幼儿园上课有哪些地方不一样等，孩子听了之后会更向往小学生活。

除了上面的方法，我们还可以全家出动做一回"模拟校园"的游戏。在家里模拟课堂，让大人先当老师来提要求；也可以让孩子来当一回老师，让他真实地感受到上课的时候应该怎么做；课堂里有哪些要求、哪些习惯、哪些最基本的礼貌用语，等等。

与此同时，为孩子布置学习的小空间，准备学校的生活用品。这些事一定要让孩子参与进来，听听孩子的意见。

从小培养孩子的安全意识

2010年发生的若干起校园安全事件让全社会都意识到，比分数更重要的是健康，比健康更重要的是安全。安全教育绝不是老师在课堂上说教就可以实现的。家长在家里也需要不时给孩子灌输安全知识，从小培养孩子的安全意识。小学生的安全教育主要包括以下几个方面。

游戏安全

玩是孩子的天性，在游戏中注意安全是孩子们需要学习的内容。

1.家长要跟孩子明确，校园的活动器械和幼儿园里的户外玩具不一样，它们都比较高大，不太适合低年级的孩子。

2.小学的户外场所和幼儿园的也不一样，全是硬场地，没有铺任何东西，所以要格外注意摔跤等危险情况。

3.学校里学生人数多，安全事故往往出现在人口密度大的地方。所以家长一定要告诉孩子，任何时候都不要推挤，不要凑热闹。要从小养成一种意识，人多的地方容易出乱子，要尽量远离。

4.提醒孩子进入校园不能大声喧哗、乱跑。

5.男孩子的家长要特别注意，提醒孩子注意自身和他人的安全，不要用危险物品做玩具。

接送安全

第一，一定要跟孩子讲清楚接送的方式。如果父母和老师之间有约好的交接方式，先告诉孩子其中要注意的事情及万一父母晚了该怎么办。如果孩子需自行离校，父母要和孩子约定接的地点。最好选在学校传达室或保安能看到的地方。告诉孩子如果在约定的时间内家长没有来，一定要在原地不见不散，绝对不可以随便乱跑，更不能跟陌生人走。

第二，让孩子牢记家长的电话号码，遇到特殊情况，教孩子请学校的保安叔叔给家长打电话。

第三，当家长拜托别人接孩子时，一定要提前让孩子知道，

上下学接送安全的歌谣，可以教给孩子。
"我家有只小花狗，生人接它它不走，摇摇头呀摆摆手，见了妈妈我才走。""一个人，上学校，问我什么不知道。低下头，快点走，前面追上小朋友。"

或者确保孩子明白，需要在被接走前给自己打一个电话。

第四，开车接送孩子上下学的家长，要确定孩子进了校门再掉头离开。

第五，中国人民公安大学的教授王大伟编过两首关于上下学接送安全的歌谣，家长可以教给孩子："我家有只小花狗，生人接它它不走，摇摇头呀摆摆手，见了妈妈我才走。""一个人，上学校，问我什么不知道。低下头，快点走，前面追上小朋友。"

过马路安全

家长一定要告诉孩子，过马路的时候要注意交通指示，红灯停，绿灯行。在绿灯亮起的情况下，也要在过街之前，左右看一看。小学阶段，6～12岁的孩子，家长一定要接送。牵着孩子的时候，保证孩子走在内侧，降低风险。

饮食卫生安全

小摊上的零食很诱人，但也非常不卫生。家长要提醒孩子不买小吃摊上的东西。教育孩子从小养成饭前便后要洗手，用自己杯子喝水，不用脏手揉眼睛等良好的卫生习惯。提醒孩子，在学校里做眼保健操前，也要把手洗干净。

体育运动安全

告诉孩子，在学校上体育课的时候，要按照老师规定的动作来完成体育活动。进行体育运动的时候，如果身体不舒服，一定要及时报告老师，避免情况恶化。孩子经常进行体育锻炼，无论对孩子的身体健康，还是体育考试都是有好处的。体育锻炼切忌临时抱佛脚，不要等到快考试了，才疯狂练习，这样对身体的伤害更大。

应对紧急事件安全

家长应该在孩子书包里某个特殊的角落少放些钱，以防紧急情况的发生。每个星期家长都要检查几次，看钱还在不在。家长还要给孩子准备一张电话卡，一旦孩子遇到什么事儿，可以马上联系家长。家长一定要让孩子记住这两件重要的东西放在了什么位置，遇到紧急情况才能第一时间找到。

孩子应该记住的4点安全提醒。

第一，裤衩和背心覆盖的地方神圣不可侵犯。除了爸爸妈妈之外，任何人都不能碰。

第二，离淘气的孩子远一些。

第三，遇到非礼要大声叫。

第四，记住王大伟教授的顺口溜："小熊小熊好宝宝，背心裤衩都穿好，里面不许别人摸，男孩女孩都知道。"

生活方式的准备

营养早餐

去幼儿园吃营养早餐的美好时光已经过去了。从现在开始，家长每天都要提前半个小时给孩子弄热乎并且营养结构合理的早饭。

选食恰当

有些食物尽量少给孩子吃。比如，油饼、油条等煎炸类的食物。尽量让孩子吃得清淡一点，孩子的食物中盐的每日摄入量尽量不要超过4克。

杜绝过度饮食

孩子并不是越胖越健康，营养搭配，膳食平衡才是最重要的。孩子胖是脂肪细胞数量的增加，大人胖是脂肪细胞体积的增加，所以，那些在孩童时期就已经肥胖的人与成年后才开始肥胖的人相比，日后减肥也要更加困难。此外，超重会影响智力发展、自我认知、人际交往及生育能力，所以，家长要防止孩子过度饮食。

定时排便

最好养成孩子每天定时定点排便的习惯，大多数人都习惯于早上起来先喝杯白水，把肠胃唤醒，然后在早餐前排便，接着吃早餐，开始一天的生活。

保证睡眠质量

小学生每天需要保证10小时的充足睡眠时间，低年级的孩子还要相对更多一些。睡眠有三大功效：恢复智力、恢复体力、消除疲劳。一个不会睡眠的孩子、不会休息的孩子就不会学习，况且，休息不好也会影响到学习。家长一定要帮助孩子养成睡眠好习惯。晚上10点到夜里1点，是我们的下丘脑分泌一种叫生长激素的时间。孩子长个就是在晚上睡觉的这段时间里。所以，家长

小学生每天需要保证10小时的充足睡眠时间，低年级的孩子还要相对更多一些。睡眠有三大功效：恢复智力、恢复体力、消除疲劳。

尽量给孩子提供一个固定的学习地点，这个固定的学习地点要光线充足、不受干扰。桌椅的高度适合孩子的身高。

要为孩子营造一个良好的睡眠环境，保证孩子在晚上10点前进入深度睡眠，确保孩子的睡眠时间和质量。

培养自理能力

从上小学第一天开始，家长们就要培养孩子的生活自理能力。让孩子完成力所能及的事情。例如上学的时候，顺便扔掉家里的垃圾；每天放学回家，坚持自己清洗小件衣物；吃完饭帮助父母收拾碗筷，擦桌子。这些都是在点滴小事中逐步培养孩子良好的生活习惯。

准备优质的家庭学习氛围

陪伴孩子，共同学习

现代教育要求孩子掌握的知识量越来越大，孩子们需要掌握的门类也越来越多。必要的时候，需要家长给予孩子一定的帮助。家长的积极陪伴，并不表示一定要陪读，而是在孩子身边，以求知学习的状态出现，比如看书、做笔记等。这样，也可以给孩子树立一个爱学习的好榜样。

热爱学校，尊重老师

孩子上学之后，家长对学校、对老师的态度应该是恭敬的，不要在孩子面前说学校的不是，不在孩子面前说老师的坏话。以正向的态度帮助孩子认识学校和老师。

舒适的学习空间

尽量给孩子提供一个固定的学习地点，这个固定的学习地点要光线充足、不受干扰。桌椅的高度适合孩子的身高。台灯的选择也应注意，光质一定是用白炽灯。如果孩子不是左利手，那么将台灯放在桌子左边，灯罩一定是不透光的。切忌把床头灯拿来给孩子当工作台灯。

拓宽知识面

多给孩子订一些课外书籍。二年级之前家长可以给孩子买一些带画的书，二年级以后建议可以转成以文字为主的图书。因为看画是整体认知，读文字是逐字、逐行地去扫描；如果孩子养成了看图画的习惯，就会拒绝逐字、逐行的阅读方式。而没有阅读、不会阅读，对孩子将来写作文会有一定影响。

每天沟通

孩子每天放学之后，一般都会很兴奋地把学校里发生的事情说给家长听。这时候，家长一定要鼓励孩子说，并耐心倾听。家长和孩子沟通时要注意提高沟通水平，为了和孩子多一些共同话题，孩子读的东西我们也可以去读。平时要掌握好沟通的时机，趁孩子情绪好的时候再交流。在沟通的时候，以倾听为主，力求心平气和、平等、真实。当然，家长也要不断丰富自己的知识，拓展与孩子的沟通内容。

学习习惯的准备

孩子从小就得养成以下8个生活习惯。

规律生活很重要。 遵守常规要知道。积极参与热情高。独立完成少烦恼。文明礼貌重在教。清洁卫生自己搞。与人合作信誉好。收拾整齐能做到。

这8个生活习惯会向孩子的学习习惯迁移。生活习惯在一定程度上会影响孩子的学习习惯。

那么，孩子必备的学习习惯有哪些呢？我认为有以下7个方面。

1.勤于思考，敢于攻关破难。

2.在规定时间内学习的习惯。

3.不拖延和磨蹭。

4.问题不过夜。

5.复习旧课、预习新课。

6.做完作业，细心检查。

7.保证良好的作息时间。

要养成这些学习好习惯，我在此介绍给家长们课后8步法，如右图所示。

第1章 教育就是养成良好的习惯

第1步	第2步	第3步	第4步
放好书包换鞋衣。	讲究卫生把手洗。	然后喝水吃东西。	赶紧坐定先复习。
第5步	第6步	第7步	第8步
再做作业心有底。	检查对错需仔细。	明天学啥先预习。	收拾准备好欢喜。

这8步要在孩子上学的第一个月中养成。此外，在家里要注意对孩子进行心理素质的培养，包括自觉性、坚持性、自制力、自信、独立、好奇心、合作、自我约束等。这些学习品质对孩子将来的学习生涯会有巨大的影响，甚至会改变他的一生。

基本心理能力的准备

基本心理能力可以分成视知觉、听知觉、运动协调能力、知觉转换、数学准备、言语沟通、社会适应能力和情绪智力等几个方面。

视知觉

视知觉是把眼睛看到的信息传递到大脑，然后对看到的信息进行加工的能力。小学的各科课程都会用到复杂的视知觉能力。

视知觉能力不足的孩子，虽然视力正常，但经常"出错"。形近字分辨不清，数字混淆，数学竖式对齐总出错，读书跳字跳词、跳行、串行，写字出格或写反，多一笔或少一画；应用题不是忘了写单位就是忘了答，要么草稿纸算对了，但抄在卷子上时就抄错了；生活丢三落四、失头忘尾，等等。他们在日常生活中不但会被误以为是"马虎"，还可能被扣上"学习态度不认真""多动症""捣乱分子"的帽子。

听知觉

听知觉能力对个体的学业状况会产生很大的影响。听知觉能力发展不好的孩子表现

33

为：到了小学一年级不会听讲，听觉注意力分散；眼睛不知道跟随老师指令，不看着老师讲课；听觉选择性差，广度窄，缺乏持久性；老师的要求没听明白，记不住老师布置的作业；有一定的语言学习障碍等。判断孩子听知觉能力发展的情况可以从听觉注意能力、听觉辨别能力、听觉记忆能力、听觉系列化能力、听觉混合能力、听觉理解能力等几个方面来衡量。

运动协调能力

它是机体各部分活动在时间和空间里相互配合，合理有效地完成动作的能力，包括神经的协调、肌肉的协调和动觉的协调。孩子运动协调能力不达标，不仅影响其体育成绩，更可怕的是会牵连他的学习能力。现在城市的孩子普遍存在运动协调能力不达标的问题，他们入学后会在空间定向、身体意向等方面出现困难；应用精细肌肉书写调控不灵敏，仿画图形时出现困难；眼球周围调节眼球运动的肌肉不灵活，而导致一定程度的阅读障碍等。

知觉转换

将一个通道的信息转换到另一个通道的神经活动过程称为知觉转换，亦称感觉间的整合或通道间的转换。小学里大多数的学习任务都需要两个或更多知觉通道的协同作用。转换困难的孩子接受到听觉信息后，有的在大脑里就是搜索不到字词的视觉表象，有的则是搜到了，但手却不听使唤。

数学准备

人的衣、食、住、行几乎都离不开数学。对幼儿进行数学教育，一方面是认识世界的需要，通过数学学习思维方法来认识世界；另一方面也是培养孩子解决问题的能力。我国课程方案将语文、数学、外语列为小学主科，因此幼小衔接更离不开数学准备。学前数学应该包括数数、前后定位、排序、对应、分类、比较、图形、时间、认钱、推理、数感等内容。

作好入学准备，家长要注意以下几点：不要否认梦想，不要一成不变，不要只凭经验，不要转移压力，不要强行灌输，不要随意惩罚，不要只盯缺点，不要拔苗助长，遇事要多沟通，加强投入，适可而止，防微杜渐。

第 1 章　教育就是养成良好的习惯

言语沟通

言语沟通是以语言为媒介进行的人类交流方式。无论是教学工作，还是课余师生之间、同学之间的沟通都离不开言语沟通。因此言语沟通能力良好的孩子，不但能准确接受、理解老师和同学的意思，还可以恰如其分地表达自己的愿望和思想，赢得老师、同伴的接纳与信任，这样，更有助于孩子个性的发展与心理健康，帮助孩子迅速地适应学校生活。而那些言语沟通能力弱的孩子，很可能听不懂别人的语意，读不懂他人的非言语暗示，不会用恰当的方式表达自己的意愿，容易造成被人误解、歧视的情况，玩伴少了，他的心情也会很沮丧。

社会适应能力和情绪智力

社会适应能力是指个体在由"生物人"向"社会人"转变的过程中所应有的、适合其生存环境的、公众化言行举止的能力，它是个体在社区内生活、工作、交往、参与活动的最基本的能力。

学习品质

学习品质是指参与个体学习过程的有机体所呈现的一切身心状态，是一个人在从事学习活动的过程中，所表现出来的整体精神面貌。包括学习态度、学习兴趣、学习动机、学习意志，以及学习自信心等各个方面。对孩子来说，学习不仅是指他们对知识经验的掌握，还包括其智力与能力的发展，更重要的是学习兴趣的形成，良好的学习习惯的培养及学习方法与策略的掌握，这是孩子学习能力发展与提高的实质。学习品质的内容包括好奇心、坚持性、主动性、责任感、灵活性、独立性、合作性、专注力、条理性、荣誉感、生活习惯等。

关注情商的培养

家长要注意，对孩子情商的培养比智商开发更重要。家庭情商教育内容包括：尊重他人、理解他人、容忍他人、以诚待人、情感独立；用同情和忍耐的态度分担他人困难、容忍他人的意见及生活方式；多称赞别人，多向对方表示友谊，关心他人，但不涉及隐私更不触及伤痛，大方接受或拒绝别人的提议等。

作为家长还要注意以下几点，这对提高孩子的成熟度，作好入学准备有很大帮助。

1. 不要否认梦想。

一个小孩在外面玩的时候看着天上的月亮，就对妈妈说："我长大了要跑到那个上面去。"妈妈说："好啊，宝贝！别忘了，妈妈等着你回家。"这个孩子叫阿姆斯特朗——

人类第一个登上月球的人。

2. 不要一成不变。

这个图正着看和倒着看的结果截然不同！正着看是个丑老妇人，可是如果把这个图倒过来看，你发现是个美丽的少女。

所以一定要用发展的眼光来看待孩子。今天这是他的弱点，未必将来就是缺点。要记得您的孩子将来很有可能成为了不起的人物！

3. 不要只凭经验。

有好多事，不看环境的变化，只凭经验，就会出现问题。我当年就是这样，没有错，第一次过，第二次过，第三次过，第四次就过不去了。做任何事都不能光凭经验。还要同时客观分析现实的变化。

4. 不要转移压力。

不要把我们焦虑的情绪传递给孩子，他弱小的身躯没法承受如此的重负，要让孩子在愉悦的环境中成长。

5. 不要强行灌输。

有时候教育需要迂回、需要委婉、需要给孩子一个台阶。孩子的成长本身有它自身的规律，孩子需要成长的时间和空间。

6. 不要随意惩罚。

棍棒之下未必能教出人才，三天一小打，五天一大打，总有

第 1 章　教育就是养成良好的习惯

一天会打没了孩子的自尊与自信。

7. 不要只盯缺点。

成绩不好，但身体好、爱劳动、人缘好，这些都是孩子的强项，成绩不是孩子的唯一。

8. 不要拔苗助长。

大家都知道，拔苗助不了长，反而摧残了苗，得不偿失。

9. 遇事要多沟通。

多跟孩子沟通，多跟孩子的同学、其他家长、老师沟通。

10. 加强投入。

一分耕耘一分收获，无论是金钱的投入，还是精力和时间的投入都很重要。

11. 适可而止。

教育孩子要把握好一个度，很多家长给孩子报各种兴趣班。有两个原则，一是学有余力，二是兴趣。

12. 防微杜渐。

不要等出了问题，孩子已经迷恋网络了，才想起把他拽出来。买电脑的时候就要告诉他这是个学具不是玩具。

我想对家长说

父母是孩子的第一任老师，是孩子启蒙教育的导师。作为家长，除了给孩子营造一个舒适、健康的成长环境，还要在精神上和心理上给予孩子鼓励与支持；其实教育孩子的过程也是家长自我完善的过程，每一位家长都是陪伴着孩子们一起成长的。愿你我的孩子都能拥有人类无限广阔的精神生活，都去追求人类永恒的终极价值——求真、致善、尽美、理性；仁爱、道义、礼仪、勤劳；智慧、清白、向上、热情；诚信、公正、自由、希望；勇敢、信仰、气节、精神。

第四堂课
智力和非智力因素同样重要

授课专家
王宝祥

北京教育科学研究院研究员、教育部教育行政学院兼职教授、《班主任》杂志原主编、教育部教师工作司聘国家级班主任培训专家。中国家庭教育学会常务理事、全国家庭教育专家团成员，北京市家庭教育研究会专家指导委员会成员。他曾被评为"全国家庭教育先进个人"，获中国青少年社会教育"银杏杯"终身成就奖。个人撰著200万字，主编出版物累计2000万字。

精彩观点

- 智商、情商、逆境商数、创造智能是成才的四要素。
- 培养孩子的情商，大家要记住5个词：知己、律己、利己、知人、睦人。
- "智力正常，个性成才。"也就是说，在智力正常的前提下，决定孩子是否成才更关键的是非智力因素的培养。
- 家庭环境的熏陶对孩子的智力发展有着不容忽视的作用。家长要从我做起，在生活中营造好的家庭智力环境。
- "语言是思维的外壳。"也就是说当你的智力活动清晰的时候，语言就清晰。家长的智力活动水平影响着孩子。
- 家庭中要建立一个家庭书架，有大家可以共同阅读的书，也有适合各个年龄段自己喜欢的图书，家长要带领孩子经常阅读，并养成交流读书心得的习惯。

第 1 章　教育就是养成良好的习惯

怎样促进孩子智力发展，提高学习成绩，这是家长们普遍关心的问题。近年来，人才竞争激烈，从大学到中学、中学到小学、小学到幼儿园，甚至从母亲怀孕开始，家长就在考虑孩子的将来。其实一个孩子能不能成才要看两点：一是智力和学习；另外一个是个性品质，即性格是否良好。这两点相辅相成，智力因素与非智力因素协同发展才是孩子成才的基本规律。

"IQ、EQ、AQ、CQ"成就人才

国际专家研究发现，人才通常具备以下4种基本因素。其中，3种都属于非智力因素。

IQ智商

一个孩子的注意力、观察力、记忆力、思维力、想象力这5种脑力的综合水平就是聪明度。但不是聪明度高的孩子就一定会成才。在智商基本正常的情况下，非智力因素有着关键作用。

有这样一个例子，我知道一名清华大学的学生，他不是一个高智商的孩子，但是他学习名列前茅，而且还在学生会担任干部，就是因为他的非智力因素培养得好。有位教授曾说过一句话："智力正常，个性成才。"也就是说，智力正常的前提下，决定孩子是否成

才更关键的因素是其个性品质。

EQ情商

大家要记住5个词：知己、律己、利己、知人、睦人。"知己"就是对自己有正确的、基本符合实际的评价；"律己"是能严格要求自己；"利己"是善于吸收有利于发展自己的因素；"知人"是对别人的了解；"睦人"是跟人和睦相处。这5个词是情商的核心内容，是一个人的个性品质，性格、人格问题。

AQ逆境商

它是看孩子身处逆境，遇到挫折的时候如何面对，是一种应对问题的能力。

CQ创造商

它是创造意识、创造个性品质、创造思维、创造技能的综合表现。

智力发展≠知识学习

智力的核心是思维能力，就是会不会思考问题。随着年龄的增长，孩子的思维水平逐渐提高。智力发展不能与知识学习画等号。孩子上小学时，他的智力已经发展到70%左右，其余的30%在小学、中学甚至大学阶段得到发展；可是知识的学习，从上小学以后是成倍地增加。因此，智力发展与知识学习有重要关联，但它们不是一回事。

专家认为，智力是学习的重要条件，但不是唯一条件，学习还需要孩子的个性、性格等非智力因素的辅助。

> 良好的人际关系是孩子学习好的重要条件。你的家庭氛围如何？家庭不和睦，经常吵嘴打架，孩子缺少安全感，心情烦躁，这些都会严重影响孩子的学习。

第 1 章　教育就是养成良好的习惯

创建学习型家庭智力环境

家庭环境的熏陶对孩子的智力发展有着不容忽视的作用。家长要从我做起，在生活中营造好的家庭智力环境。

家长的求知意愿直接影响孩子

家长渴求知识，有良好的求知表现，孩子就会向家长学习。只要求孩子好好学习，自己却不学习，久而久之孩子就不会信服家长。

有一次，我讲完课后，5位家长跟我抱怨孩子学习不好，希望我提供一些指导方法。我先做了一个简单的调查，问各位家长这半年内读了什么书，结果5位家长一本都没读过。我又问家长都订了什么报纸和刊物，只有一个家长给孩子订了一份刊物。家长没有良好的求知意愿，直接影响孩子对于知识的渴求，自然就会影响孩子学习知识的动力。

建立家庭书架

家庭中要建立一个家庭书架，有大家可以共同阅读的书，也有适合各个年龄段的图书，家长要带领孩子经常阅读，养成交流读书心得的习惯。

安排相对固定的学习时间

家长先想一想，自己是否给孩子提供了安静的学习环境，孩子学习的时候，你在做什么。曾有位年轻的父亲向我咨询："孩子晚上学习不专心，成绩上不去。"我问："那你们晚上在做什么？"孩子的父亲说："关上门看电视。"孩子在屋里学习，父母在房间内看电视，他就会受到情绪上的影响，这样孩子怎么能学得下去？听了我的话，家长毫不在意地说："学习是他自己的事。"但请家长不要忘了，父母是孩子的榜样！

建立和睦的家庭关系

良好的人际关系是孩子学习好的重要条件。你的家庭氛围如何？家庭不和睦，经常吵嘴打架，孩子缺少安全感，心情烦躁，这些都会严重影响孩子的学习。我曾做过一个大范围的调查，发现如果家庭不和睦，孩子会出现"三部曲"的状态。从害怕，到厌烦，最后严重了，就会形成怨恨。

父母之间的关系是家庭人际关系的关键，是孩子健康成长的基础条件。此外，人际关系还包括亲友关系、邻里关系等。

如何指导孩子学习

重点关注学习态度、学习过程、学习方法、学习习惯。

要想孩子成绩好，必须态度端正、过程合理、方法科学，有好习惯才能有好分数。分数本身往往没有比较意义。比如这次考试得80分，下次考试得75分，不能简单地说75分的水平就比80分低。

家长简单地拿分数说事是不客观的，要具体问题具体分析，如图所示。

从小学一直到大学，考试题目分数是有分配比例的，正常情况下一般测验的比例是：

4 : 3 : 3
最基础的40分　中等水平的30分　高难度的30分

也就是说一般跟得上的学生成绩都会在70分左右，后30分是用来拉开差距的。

当考题分数比例发生变化：

3 : 3 : 4
最基础的40分　中等水平的30分　高难度的30分

全班学生平均成绩都会下降10分。

任何一个学科的学习都有3个层次：基础知识、基本概念是一个层次；基本技能是一个层次；综合能力是一个层次。

加强指导的针对性

任何一个学科的学习都有3个层次：基础知识、基本概念是一个层次；基本技能是一个层次；综合能力是一个层次。所谓基础知识、基本概念是指定义、定理、词语、观点这些知识。基本技能是指运用基本知识、基本概念去解决问题的能力。所谓双基，就是指这前两条，家长应该明确指导方向，加强巩固双基的学习，后面才能更好地进行综合发展。

第1章　教育就是养成良好的习惯

学习时间控制

我们也做过这样一个实验，让孩子抄字词，前5分钟鸦雀无声，第六分钟就有两个孩子动，坐不住了。第十分钟就有七八个孩子动，第十五分钟有十几个，20分钟左右开始天下大乱。隔几天再来一次这样的实验，结果还是一样的。由此可见，每个孩子控制自己的能力是不一样的；因此家长最好不要横向比较，要从实际出发，制订适合自己孩子的学习时间，不要简单化；随着年级升高，注意力集中的时间会慢慢延长。到小学高年级，注意力的集中时间是25～30分钟，初中一般不超过40分钟。

研究表明，在小学低年级阶段，孩子注意力集中的时间较短，如下图所示。

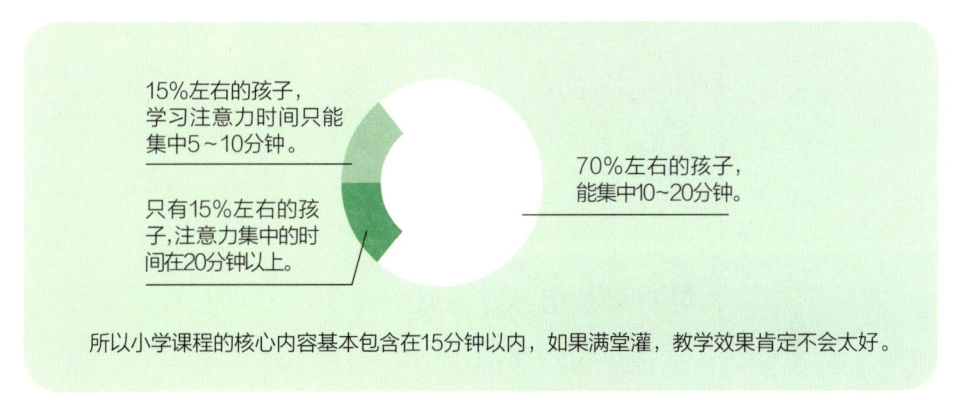

15%左右的孩子，学习注意力时间只能集中5～10分钟。

70%左右的孩子，能集中10~20分钟。

只有15%左右的孩子，注意力集中的时间在20分钟以上。

所以小学课程的核心内容基本包含在15分钟以内，如果满堂灌，教学效果肯定不会太好。

多元智能论的启示

这个理论是加德纳教授提出的，即一个人会有多种智能，如数学逻辑智能、语言智能、空间形象智能、音乐智能、运动动作智能、人际沟通智能、自然观察者智能，等等。这些智能由人脑的不同区域管理，每个孩子的智能发展是不平衡的，每个人的智能优势各不相同。应该根据孩子的实际情况，给孩子提供相应的实践机会，在不同的智能活动中，通过有针对性的训练扬长补短，提高孩子的相应智能。让孩子在娱乐游戏的过程中就可以提高开发智能。

积极与学校配合

家长要主动跟班主任、各科任课老师及时沟通，通过沟通讨论问题。这是交流的机会，不是告状的场合，建议让孩子也参与进来。如果平时工作繁忙，家长可以通过电话、信函、班级活动、家校通，还有电子邮件等方式，与老师保持联系。一定要同学校商量，以激励孩子为主旨。此外，还要积极参加家长学校的学习和学校举办的各类活动。

重视睡眠

睡眠时间根据年龄的不同有其特定的规律，如学前是12个小时，小学是10个小时，中学是9个小时左右。但现在有的小学生由于课业多，常常晚上10点才睡，造成睡眠不足。法国科学家的研究表明，七八岁的孩子中，每天睡觉少于8个小时的学生功课较差。其中，跟不上进度的占61%，勉强达到平均成绩的占39%，没有一个名列前茅。而睡眠在10个小时左右的学生中，功课跟不上的只有13%，76%的学生成绩中等，11%的学生成绩优良。

事实上，睡眠跟学习密切相关。有的家长认为，孩子学习不好，就加班加点，每天不做完作业不能睡觉。国内外的实验都曾证明，无论哪个年龄段的孩子，都要保证充足的睡眠，才能够更好地学习。

教育必须培养好习惯

从小给孩子培养良好的学习习惯，他会受益终身。

专时专用，讲求效率。让孩子集中10分钟、15分钟，能做3道题就做3道题，然后再增加，不要一下要求过高。

独立学习。学习上遇到问题，不要随时问家长。低年级的孩子普遍有个毛病，刚一做作业就问爸爸妈妈这道题怎么做，有的家长会特别勤快地告诉他。这时候，家长要懂得启发孩子，让孩子独立学习。

按计划学习。主要体现在每天课后怎么按计划学习。周末、放假时怎么制订学习计划，如何按照计划学习。如果孩子学习状态不好，那么按计划学习就更加重要。家长要让孩子学会科学用脑，该学习时学习，该休息时就休息，适度超前一点可以，但不要给孩子报很多课外班，对孩子进行疲劳轰炸。

正确使用学习工具。电脑是现在最重要的学习工具，但好多家长不敢给孩子买，怕孩子玩游戏，看色情网站，学到不良的内

第 1 章　教育就是养成良好的习惯

容。其实，网络是一把双刃剑，所以家长需要从确定使用学习工具的要求开始，让孩子养成使用这些学习工具的好习惯，而不是等孩子出现问题时再去想如何纠正。

培养课外阅读的好习惯。 培养好的阅读习惯要解决两个问题：一方面是把好阅读关；另一方面是控制好时间，不能因为课外阅读影响了课业，也不能只顾课业而放弃了课外阅读。

养成虚心好问的好习惯。 虚心好问是指经过自己动脑还解决不了的问题，可以请教老师、家长、同学。虚心好问是经过思考的，所以，我们要培养孩子带着考虑之后的疑问去提问。

我想对家长说

　　智力因素与非智力因素的协同发展是一个孩子成才的基本规律，不能只关注智力因素。而往往被忽略的非智力因素对孩子的发展有着极为重要的影响。智力发展不等同于知识学习，注重孩子学习的同时，家长要为孩子建立良好的家庭智力环境、人际环境，从多方面提高孩子的综合智能。

　　古语云："少成若天性，习惯成自然。"要想提高孩子的学习成绩，同样离不开好的学习习惯。教育必须培养好习惯，养成良好的习惯，会让孩子终生受益，形成不良的习惯则终生受累。

随堂笔记

写下随堂笔记,留给20年后的孩子,留下成长的印记

第 2 章

在家庭教育中，家长不仅要关心孩子的身体健康，更要注重孩子心理健康的引导教育。心理健康的孩子多具备积极乐观、勇敢自信、意志坚强等良好的心理品质，这些都将为孩子的人生打开一扇通往幸福的大门。家长在生活中要用平等、沟通、温情、关爱相融合的态度，慢慢浇灌像花一样绽放的孩子。

关注孩子
心理成长

第五堂课　维护孩子的心理健康　　常京娥

第六堂课　心理与成长　　李玫瑾

第五堂课
维护孩子的心理健康

授课专家

常京娥

北京市东城区教师研修中心高级教师、教研员，北京市家庭教育研究会副秘书长。长期从事中学德育工作，热爱家庭教育研究，为全国首批家庭教育专家讲师团成员，并被评为全国首届"双合格"家庭教育先进个人、北京市骨干教师、北京市东城区优秀教育工作者。

精彩观点

● 孩子的健康需要具备3个内容：身体健康、心理健康、适应能力强。

● 和谐、民主的家庭是最值得提倡的。

● 家庭教育靠渗透来完成。

● 心理健康的孩子是乐观，积极进取，开朗大方，意志坚强，宽容自信，奋发向上，能调整自己的行为。

● 家长和孩子沟通的过程中一定要讲究语言艺术。

● 我们需要用亲情去鼓励孩子战胜困难，用亲情去培养孩子健康的心灵。

● 爱是一把金钥匙，最关键是多给孩子一些爱，同时为孩子树立一个良好的榜样。

联合国教科文组织给健康的定义是，健康不仅仅指躯体上没有疾病，还应该包括心理和社会适应能力等方面的健全与最佳状态。

家长往往认为孩子没发烧、没感冒，就是健康的。身体健康确实是健康的重要内容之一，但在现代社会，它并不是健康的全部。孩子的健康需要具备3个内容：身体健康、心理健康、适应能力强。

家庭教育的特性

说起家庭教育，家长首先要想一个问题，家庭和孩子有什么样的关系？家庭是孩子学做人的第一课堂，家长自然就是第一任教师，家长的形象和人格品质都在影响着孩子的成长。老舍先生曾经说过这样一句话，"我从上私塾开始一直到上中学，应该有100位老师，可这些老师当中真正能把性格传给我的，正是我的母亲，母亲虽然不识字，但是她给我的是生命的教育。"

家庭对孩子的成长非常重要，家庭教育有哪些特点呢？

家庭教育具有天然性

从孩子来到家庭的那天起，家长和孩子就建立了一种天然的关系，由于血缘关系，家长自然地承担起培养、教育孩子的义务,它不是人为制造的,而是与学校教育完全不同的天然性的教育。

家庭教育的情感性

家庭教育中最核心的问题是爱,家长在教育孩子时,出发点在于我们是爱孩子的,反过来孩子对父母也充满了爱,充满了情感。

家庭教育具有渗透性

家庭教育不是通过讲一些道理、知识就能传递的,而是通过家长的行为,在耳濡目染的过程中慢慢渗透给孩子的。

家庭教育的基础性

在成长的过程中,家庭教育是在给孩子打基础。家长的任务不是教会孩子多少个单词,多少个生字,而是教给他做人的道理。

家庭教育的权威性

家长,尤其是年轻妈妈,在小朋友面前通常都很有权威。但是,在孩子成长过程中,家长的权威性会发生变化。

家庭教育的阶段性

阶段性表现为孩子在不同的时期有不同的问题,所以家庭教育的重点也不同,家长要跟着孩子一起成长。比如,小学生的家长和中学生的家长对孩子教育的需求就不一样。

年轻的妈妈们可能希望了解孩子在成长的过程中自己应该做到什么;中学生的家长在考虑怎么才能帮助孩子升学,顺利地考出好成绩。

所以家庭教育在不同时期,侧重点是不同的。总体来说,低年级的孩子,尤其在幼儿阶段,父母的重点应该落在培养孩子好习惯上。刚步入小学的阶段,要着重培养孩子的自理能力。到了孩子上中学的阶段,第一步就是要帮助孩子做好中小学的衔接。第一,上了中学以后我们的管理方法就要变,要帮助孩子迈好青春的第一步,这些应该是上初一这个阶段孩子家长的任务。

第二，到了初二孩子进入了青春期，这个时期是极为敏感的时间段，家长更主要的责任就是密切关注孩子在青春期里产生的问题，让他顺利地迎接青春，平稳度过这个特殊时期，这些是这个阶段的重点工作。

第三，孩子升入初三，家长的任务就是要和孩子一起研究怎么面对中考，怎么考上理想的学校。

第四，高中阶段，家长要关心的就是要让孩子能够担负起高中的学业，为将来如何面对高考作好充分的准备。

所以说家庭教育的特点就是在不同的阶段，家长要跟着孩子一起成长。身为父母，要特别注意这些特点。

家庭中亲子关系的4种类型

专家调查显示，社会中存在4种类型的亲子关系。不同类型的亲子关系，直接影响到孩子在学校的行为表现。

民主型

生活在民主型关系家庭中的孩子往往在学校里的表现是比较合群，跟同学的关系比较好，表现得比较亲切、活泼，积极向上。

专制型

有些家庭中是爸爸说了算，不管对还是错，都得听爸爸的。这种家庭中的孩子在学校表现为表面上可能挺顺从的，但心里却不服，在人际交往中与他人的关系并不是太好。

疏忽型

疏忽型的家长忙于工作，不关注孩子，对孩子心理造成的伤害是最大的。

放纵型家庭

这种家庭中的父母往往溺爱孩子，孩子要什么就给什么，要怎么样就怎么样。

分析现在家庭教育的类型后不难发现，和谐、民主的家庭关系是最值得提倡的。家庭教育是一门科学，有其规律性。同时，家庭教育还是一门艺术，因为每个家庭都各有其特点，没有完全相同的问题，这就需要家长在家庭中随机地、创造性地解决问题，而这种创造性就是家庭教育的艺术。

心理不健康的危害

关注孩子的心理健康，在现代社会显得尤为重要。心理问题将诱发社会案件的发生。犯罪的青少年心理上大都有问题，比如经常受冷落，而受冷落基本上发生在疏忽型的家庭或者是专制型的家庭，当孩子的心理受到伤害，又无法发泄时就会仇视社会。

中小学生特别渴望支持，每年80%的心理咨询电话都是希望解决问题的。

比如：我跟妈妈顶嘴了；我跟老师发生冲突了；我考试没考好，等等。孩子希望这些问题能得到解决。家长们大多没有意识到孩子这方面的需求，而是觉得孩子不能输在起跑线上，于是给孩子拼命报补习班。不要让孩子输在起跑线上，什么是输？如果您能理解这个，我想您对孩子的成长就能把握住一些东西。其实我的理解是：起跑线首先是孩子的心理素质。如果他具备开朗、健康、自信、阳光的心态，那么今后即便偶尔没考好，也能反败为胜。

《北京晨报》曾经报道过一个"寻找我的妹妹，我永不放弃"的故事。有个女孩叫箫箫，她有一只心爱的小猫，猫陪她上学、放学、睡觉、写作业，她管这只猫叫妹妹。孩子的爸爸是个出租车司机，收工回来以后要睡觉，猫在屋里闹，爸爸一气之下就把猫给扔了。家长发现，从扔猫的那天起，他就真的失去了一个女儿。孩子的心理受到伤害，每天上学都跑到爸爸扔猫的地方喊："妹妹回来吧。"孩子本来以很好的成绩考入了朝阳区的一所重点学校，后来却因为无法进入学习状态，成绩节节溃退，甚至最后连在教室坐着都很困难。所以我们说家长要注重关心孩子的心理健康，可能就是您一个无心的粗暴行为，在孩子的心灵上留下了阴影，结果会导致孩子整个状态的不健康。

> 起跑线首先是孩子的心理素质。如果他具备开朗、健康、自信、阳光的心态，那么今后即便偶尔没考好，也能反败为胜。

孩子心理不健康的表现

孩子的心理健康，狭义的概念是指不具有某些心理上的疾病，广义的概念是指具有良好的心理品质。心理健康的孩子乐观，积极进取，开朗大方，意志坚强，宽容自信，奋发向上，能调整自己的行为。反之，心理不健康的孩子往往表现出心胸狭窄、自卑、自闭、胆小怕事，不能宽容，情绪不稳定，喜怒无常，猜疑心重，等等。家长可以通过以下几种外在表现发现孩子的心理问题，及时纠正。

以自我为中心

有一天我在快餐店吃饭，迎面来了个妈妈带着儿子。儿子坐那儿，妈妈却一路小跑给他买东西，然后端到他面前，儿子边吃边问了一句："我喝什么呀？"妈妈一边看着儿子吃，一边给他扇风，从表情上你就能感觉到这位妈妈肯定很幸福。但她把全部的爱都给了孩子，孩子却根本没有想到她。当儿子突然问喝什么时，妈妈还特别自责，一路小跑，给儿子买饮料去了。当妈妈站起来的一瞬间，儿子竟然冲着他妈妈的位置说了一句："傻帽儿！"这个场景特别让人心寒。如果孩子以自我为中心，导致的结果就是在社会上跟同事处不好关系，在家里也不懂得孝顺。所以，家长应该从小就让孩子认识到，在家里每个人都是平等的。此外，还要让他多参加集体活动。比如军训、夏令营等，这些也是校正孩子以自我为中心的好办法。

多疑

曾经有位家长带着孩子来咨询，说女儿本来挺好的，在小学一直当班干部，但上了初中以后，她总觉得同学都孤立她，老师不喜欢她。如果她经过时，别的同学在说话，她就认为同学肯定在议论她。这样的猜疑慢慢发展成了心病，以致后来她觉得生活没意思。在家庭中，家长可能会无意地、无中生有地怀疑一些事情，殊不知，这也会传递给孩子很多的负能量。反之，如果家长很开朗，做事很豁达，那孩子的性格也会受到潜移默化的影响。如果家长发现孩子比较担心，默默地猜着什么或问了什么，可以和孩子聊聊："你的根据是什么？有没有依据？"一起来分析问题，这样，孩子的情况就能慢慢地缓解。当然，如果孩子的情况没有缓解，甚至一直在加重，最好求助于心理医生。

过于怯懦

在人际交往过程中，害羞并不是什么错，每个人的个性都不一样。但是如果过于怯懦以至于影响了正常的生活，那我们有必要帮助孩子做一些改善。家长可以发挥的作用包

> 孩子心理不健康的表现有：以自我为中心、多疑、过于怯懦、情绪不稳定，还有自卑、嫉妒、孤僻等。

括：多给孩子机会；在亲朋好友的交往过程中，多让孩子分担一份责任；孩子办成一件事儿后要多一些鼓励。另外，如果孩子比较害羞，可以多带他参加体育活动，尤其是球类等拼搏性运动，因为这类运动是最能体现孩子勇猛的。

情绪不稳定

如果消极情绪总是影响孩子，他在生活中就会不快乐。好情绪的标准是喜怒都有度，当喜则喜，当怒则怒。我们强调的是，当情绪不好时要学会及时调整。在日常生活里，家长要先控制情绪，给孩子以良好的榜样作用。家长在情绪不好时想跟孩子讲道理，却发现越说越不清楚。事实上，情绪不好的时候，我们也需要做一些自我调整，而不是在情绪上来的时候和孩子争执。此外，我希望家长记住一句话："有时候家不是说理的地方。"家是培育亲情的场所，是生活的一个后盾，是我们的一个靠山。

除了上面说的4点，还有自卑、嫉妒、孤僻等，都是心理不健康的表现。比如，你让孩子去做事的时候，他总说："我不行，我不行，你去吧。"这就是自卑。这样的情况，家长要多鼓励孩子，给他信心。

把健康的心理品质渗透给孩子

心理健康，如果从教育理论、医学理论或者心理学理论来讲，可能都不太好懂。简单地说，我们所说的孩子的心理健康。

狭义的概念就是指他不具有某些心理上的疾病。比如：我们经常说的抑郁、忧虑；过度焦虑，情绪不稳定，反复无常；做事儿没有规律、没有逻辑性；说话颠三倒四，或者是老强迫自己做同样的事情，等等，这些都是属于心理上的疾病。

广义的概念就是指这个人要具有良好的心理品质。心理健康的孩子是乐观向上、积极进取、活泼开朗、自信宽容，并具备一定意志力，可以及时调整自己行为的。所以家长应该经常留心观察孩子的行为，分析一下孩子的心理有没有这样的问题。

家长们肯定会想，我没有接受过专门的心理学训练，怎么去影响孩子呢？其实，孩子中小学生的心理问题主要表现在以下几个方面，如下图所示。

第一	第二	第三	第四
学习上紧张、焦虑，跟家长老师同学关系上有问题。	不爱学习。	网络成瘾不能控制。	强迫自己。

有了心理问题，我们可以去专业的部门寻求帮助。但是正如我刚才所言，家庭教育是靠渗透性来完成的，家长不需要给孩子治疗什么，或者给他做多少题，而是通过自身的语言、行为等渗透性来给孩子一种心理影响。

有一个家庭教育报告团，其中有一位"四无妈妈"（叫吴江红），她没有工作、没有固定收入、没有丈夫，也没有学历，而就是这么困难的一个妈妈，却能把儿子送入乌克兰钢琴学院。她把孩子培养成才，完全是靠自己的坚强、勤奋、刻苦及不虚荣的优秀的心理品质。这些品质无形中渗透在孩子的生活里，时刻都在影响着孩子，这就是典型的家长的渗透性教育。这个妈妈没有固定收入，和丈夫分开时儿子还非常小，但儿子特别喜欢弹琴，所以妈妈在离婚的时候什么都没要，就留了一架钢琴和一些简单的家具。妈妈没有固定的经济收入，只能依靠一天打几份工来供养孩子。在做小时工时，这位妈妈遇上了一位好心的教授，教授说："干脆咱们就换工吧，我教你儿子弹琴，你在我家里做家务。"就凭借这样一个机会，孩子在教授家中学会了弹琴。孩子知道这个学琴的机会来之不易，所以非常珍惜，更加努力地学琴。有一次孩子去香港参加钢琴比赛，妈妈东拼西凑，好容易把参赛的钱凑够了，但是孩子并没有拿到奖。这个时候妈妈什么也没说，只是想着等孩子回来的时候，一定要到机场去接他，因为孩子遇到挫折了，她一定要给他鼓励。她没有钱，就半夜3点起床，顺着高速公路一直走，走到5点钟，天都快亮了，环卫工人告诉她这样是走不到的，并好心地用清洁车把她搭到了机场。飞机晚点了，机场的东西特别贵，她就在机场饿着，一直等到晚上6点多，孩子终于回来了。儿子没想到妈妈会到机场接他，第一句话就说："妈妈我失败了，我真对不起你。"这位妈妈就说了一句："孩子，在咱们家的字典里没有失败这个词。"过了一会儿，她就饿晕过去了。相信儿子一定会感受到妈妈这句话的分量。当孩子遇到困难时，在他最需要你的时候，你给他的无形的鼓励与默默的支持，这种渗透和影响，就是你给孩子最珍贵的一生所受用的心理品质。所以我觉得家长在孩子最困难的时候和遇到挫折的时候，一定要给他鼓励、支持，这就是你给他在心理上的最重要的影响。好多职业成功者回忆给予自己最大影响的人，都会提到妈妈，妈妈总是对我说："孩子你行，妈相信你。"正是这样很通俗的话，最能给孩子心理上的鼓舞。

不要轻易伤害孩子的心

维护孩子的心理健康，首先就是不要轻易伤害。孩子虽然年龄小，但是他们的心灵也需要维护，可能家长不经意中说了一句话，就会给孩子造成一辈子的伤害。但怎么做才叫维护呢？一个心理指导中心接到一位妈妈打来的电话，她说："老师，我想知道一个单亲家庭对一个上初中的孩子有什么影响？"看来她的家庭快要解体了。她说："因为我发现了我爱人的一些行为，想跟他离婚，但是我就不知道离婚会对我女儿有什么伤害？"心理辅导老师告诉她："首先我不了解您家的背景，就是这个孩子成长的环境，比如，她从小是跟您一起生活，还是跟爷爷奶奶一起生活，因为在离婚的问题上可能有一个环境的问题；另外，我也不了解您孩子的性格，但是我作为一个老师，我可以肯定地告诉您，离婚对于一个上初中的孩子来讲，心灵上会受到伤害。"有经验的老师会发现，一个孩子突然变得沉闷了，经常在教室桌子上趴着，他变得不合群了，他变得有攻击行为，爱打人，做作业的时候爱走神了，上课的时候眼睛往外看，想事儿了，出现这些情况往往是因为孩子的家庭发生了变故。他可能在想：爸爸妈妈为什么不要我了，今后我的生活怎么办呢？听到老师的意见，这

> 孩子相信父母能帮他解决问题，但有问题时又不好跟父母沟通，所以家长要付出更多的耐心和时间，去了解自己的孩子，帮助他们解决生活上的问题，给他们一个健康的心灵成长环境。

个妈妈马上说需要再考虑一下，看看是不是能原谅丈夫。如果婚姻真的无法维系，也应和丈夫一起好好跟孩子谈。我觉得这个妈妈真的很伟大，她自己承受着痛苦，却在做事情之前首先考虑了要维护孩子的心理健康。这就是我们说的维护、不轻易伤害孩子的心灵。其实这个维护不仅是家长的维护，学校也有责任，包括老师、校长，可能造成孩子心理伤害的原因是多方面的。

2008年，我对600名初一学生做了一个调查，52%的同学选择了心理问题来自于家庭。对于出现问题时跟谁说，调查的结果如下图所示。

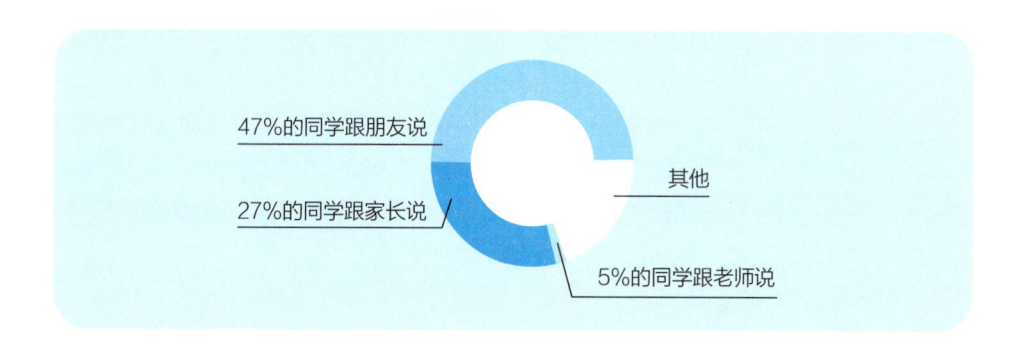

47%的同学跟朋友说
27%的同学跟家长说
5%的同学跟老师说
其他

现在，恐怕选择其他的比例会更大。这就出现了一个问题，最应该帮助孩子解决问题的是老师和家长，可是当孩子有了心理问题之后，他们不愿意跟老师和家长说，那问题要怎么解决呢？于是我又接着问：真正能帮你解决问题的是谁？结果45%的孩子认为还是家长能帮他解决问题。这说明孩子相信父母能帮他们解决问题，但有问题时又不好跟父母沟通，所以家长要付出更多的耐心和时间，去了解自己的孩子，帮助他们解决生活上的问题，给他们一个健康的心灵成长环境。

维护孩子心理健康的4点建议
了解孩子，读懂孩子这本书

家长发现，孩子上中学以后，真是不知道他在想什么。我们这代人学习《愚公移山》

时，谁都没有疑义，都知道要学习愚公挖山不止、不怕困难的精神。但是，现在初一的孩子有一半会举手说："老师，我觉得不应该学习愚公。"老师问为什么。学生说："老师，我觉得这个愚公是一个傻老头，为什么这个山挡住他的去路，他却不搬家啊？"有的孩子还说："他为什么不开一个后门啊？"甚至有的孩子问："老师，愚公在挖山之前是不是进行了成本核算？"他们在用现在的价值观想这件事儿，跟我们当时的想法完全不同。所以，要研究孩子的心理问题，需要站在他的立场去想问题。谁是孩子的好朋友？同学们喜欢他吗？他有没有绰号？他最崇拜谁？他最苦恼的是什么？他的优点是什么？他最自豪的是什么？他最大的抱怨是什么？他最愤怒的是什么？他最喜欢哪位老师？想一想，你100%都了解吗？如果这个时候你摇头，就说明做家长还有需要去了解的地方。记得，要想全面地了解你的孩子，一定要站在他的立场想问题。

相互尊重，平等沟通

我们不妨一起做个游戏，当大家拿起一张纸对折，不要看别人，再对折，然后把纸打开，大家想一想，结论是什么样的呢？实际上，我在传达信息时，每一个人对同一个信息的接受程度、理解程度是不一样的。也就是说同样的信息，家长在和孩子沟通的过程中，需要调整沟通的方法。家长的指令越细，传递给孩子的信息内容越多、越详细，最后的整体效果就会越接近目标。

帮孩子减轻压力

首先，要明确压力的概念。其实压力就是预期的目标，当你目前所应对的资源跟你预期的不协调时，在你的心理、情绪、行动、思维各个方面就产生了不同的反应，这就是我们常说的压力。当今社会确实是方方面面都有压力。压力是一把双刃剑，如果处理得不好，压力过大的时候，就会产生消极的影响。但是压力也有积极的作用，有时候压力会变为动力。青少年常见的压力往往来自考试失败，和同学有纠纷，丢面子，父母离异，家庭困

> 兴趣是最好的老师，家长一定要发现孩子的兴趣点在哪儿。

难，转学，等等。这些压力怎么解决呢？在网络调查中得到的数据显示，家长的焦虑程度要大于学生，压力首先是在家长身上，因此，家长应该先学会给自己减压。

其次，家长要自我减压，家长请记住这样一句话：人生是伴着压力、幸福，踏着坎坷走的。我们一定要给自己减压，我们需要面对各式各样的压力，但是不要把它作为压力。家长可以及时调整认知，即调整我们可以改变的，比如说我对孩子的期望值他总达不到，那我是不是可以改变一下。原来我想让他考班里的前10名，但是他达不到，我是不是可以降到20名，那可能你这个看法改变了，你的压力就会小一些，我们不要总拿自己家的孩子和周围的同学、邻居的孩子比。家长对待孩子的学习成绩，应该有一个恰当的、正确的学习期待。

有的家长不明白，为什么我的孩子上一二年级的时候也能考100分，三四年级就考90分了，到五六年级他就只能考80分，刚上初中就变成六七十分了。其实，家长要理解这个分数，换句话说，就是在对待孩子学习成绩的时候，一定要看他在班里的相对位置，而不是盯在他的分数上。家长应该关注其整体的状况，看他自己跟自己比的感觉。这是我们对待孩子学习成绩应有的态度。家长的态度摆正了，压力自然也会减小。

最后，如何帮助孩子减轻学习压力。一是，家长要为孩子创造良好的学习环境。孩子应该有一个固定的学习地点，他应该有自己的书桌、自己的小书架和自己的藏书，但是有的家庭，尽管有三四套房子，却没有孩子学习的一角。孩子只能背着书包今天趴墙上，明天趴地上，试想一下，这样他怎么能进入学习状态呢？所以良好的硬件必不可少。二是，不能忽视软件。要保证孩子有一个安静的学习环境，孩子学习的时候，大声吵嚷，看电视，哈哈笑都会让孩子分心；在学习问题上，不是逼迫孩子，给他施加压力。如果孩子的压力过大，就会对他造成心理伤害。家长要做的，就是创造良好的学习环境，并给他信心和鼓励。

孩子满怀兴趣地干一件事儿的时候，他能发挥自身能力的80%～90%，而且可能精神集中半小时都没问题，但如果是他不喜欢干的事儿，就只能发挥自身能力的20%～30%，精神也没法集中。兴趣是最好的老师，家长一定要发现孩子的兴趣点在哪儿。有的孩子喜欢看小说，将来可以当一个好作家、好记者，家长不用非逼着他数学得100分。当然有的基础学科不能落，但是基础学科达到一个基础线就可以了。

关注学习方法

针对不同年龄段的孩子，家长要根据这个年龄段的特点，掌握相应的学习方法，孩子一定要从小就让他独立：先独立思考，后请教别人；先预习，后听课；先做复习，后写作业。这是我们总结的"三先三后学习法"。这个方法非常重要。记得我的孩子刚上学的时候，我很少过问他的学习成绩，相反，我每天都问他：今天你上课举手了吗？你给老师提了什么问题？你发现了什么吗？尤其是孩子刚上小学的时候，我建议家长关注他上课的态度。比如，上课要有一个积极的学习状态，要积极举手发言，脑子应该一直跟着老师的思维。这样学习效果就好，成绩自然也会好。如果上课不听讲，不关注老师在讲什么，而是回家再补，那么效果肯定不好。所以家长要关注孩子，让他描述今天上课讲了什么，如果他都能描述出来，那就是掌握了。例如：接孩子放学的路上，就可以让孩子说说今天上了什么课，老师重点说了几个公式，教了几个单词……这样其实已经全都复习完了。家长能做的就是这些事儿，而不是教他这题怎么解。家长要从侧面来关注孩子，帮助他调整学习方法。

> 家长要学会坐下来听。会听，是跟孩子沟通的重要方法。

和孩子沟通的9种方法

让孩子倾诉，坐下来听

孩子成长过程中，有很多心里话想跟家长说，但往往大了以后他却不说了。家长要养成一个习惯，不管多忙，只要孩子有话想说，尽管我们可能忙于工作，忙着家务，我们也要停下来，认认真真地坐在那儿听，一定要坐下来听。听完以后，不要急着表态，不要马上批评他，要听进去，然后静下心来想一想，再找时间跟他沟通："那天你跟我说的那件事，我觉得那样会更好。"所以家长要学会坐下来听。会听，是跟孩子沟通的重要一步。

> 让孩子学会选择也是家长对他的信任。

和孩子平视，蹲下来看

家长不要居高临下，老是指责孩子你这不对、那不好。现在国内和国外的少儿节目中，很多主持人都是坐在地上，说话时与孩子平视，让孩子感觉我们是平等的。所以当家长的也得这样，要养成一个习惯，牢记家长跟孩子在人格方面是平等的。

和孩子商量，相互尊重

凡是有事的时候家长都要跟孩子商量："你看咱们这样行不行？今天我们去这儿成不成？"耳濡目染，孩子也会变成尊重别人的人，养成有事商量的习惯。

让孩子学会选择

选择是求生的一种能力。当孩子有事的时候，比如说小学升中学，很多妈妈会说："我为了把你弄进这个重点学校花了大力气，投入了很多钱，也求了不少人，所以你必须去。"这样一来，孩子就会特别痛苦。此外，学校组织的一些社会活动，包括课外辅导班等，都应该让孩子决定要不要去，让孩子学会选择也是家长对他的信任。

给孩子写信，巧妙地表达

进入青春期以后，有的孩子会羞于表达，这时就可以通过写信这种方式巧妙地表达感情。

给孩子留点面子

站在孩子的角度想问题，不要当众揭短，这也是维护孩子心理健康的一个方面。

放孩子出去认识社会

现在的社会实践活动这么多，我们要让孩子多接触社会，广泛地锻炼自己，这对孩子的成长很有好处。

向孩子道歉，说声对不起

化解家庭矛盾的时候，说一声对不起，不但不会降低家长的威信，反而会提升孩子对你的信任。所以，当我们做错事儿的时候，要勇敢地跟孩子说一声"对不起"。

向孩子学习，能者为师

现在的孩子确实有很多优点，比如获取信息的手段就比家长强。所以家长不妨在孩子擅长的领域里拜孩子为师，经常问点问题。实际上这也为家长提供了请教孩子的时机，家长的这种做法会提升孩子的自信。

不要对孩子说的话

在和孩子沟通的过程中，家长还要讲究语言的艺术。如果该说的话说不对，就会起到适得其反的作用。

1.不要使用伤害孩子的语言。

比如挖苦语："这么简单的问题都不会，真笨。"……千万不要说这样过激的话。

2.不要使用比较语。

不要总拿自己的孩子和别人的孩子比较，"你跟谁谁比相差太远了，一个在天上，一个在地下。"

3.不要使用挑战语。

"我要是怕你，我就不是你妈。"

4.不使用告状语。

"我管不了你了，让老师收拾你。"其实孩子特别恨告状，他觉得告状是使坏，告状的人是无能。所以不要经常告状，有问题自己解决，这样才能把家长的威信树立起来。

5.不使用结论语。

"再这样下去，你学习成绩肯定是好不了。"这会给孩子造成一个印象——我父母都说我不行了，我一定很差。这样，他就会很自卑。

6.不使用记账语。

"你别以为我管不了你，赶明儿……"

7.不使用驱逐语。

"考不好就离开这个家。"很多孩子离家出走就是这样造成的。

我想对家长说

　　家庭是孩子成长的摇篮,是人生的避风港,也是孩子生活的靠山和坚强的后盾,我们要用亲情去鼓励孩子战胜困难,用亲情去滋养孩子健康的心灵。要知道,培养一个心灵健康的孩子,关系到孩子一生的幸福。

第六堂课
心理与成长

授课专家
李玫瑾

中国人民公安大学教授、中国青少年犯罪研究会副会长，中国心理学会法制心理学专业委员会副主任、中国警察协会学术委员、中国家庭教育学会常务理事等。参与过《未成年人保护法》的修订工作。经常做客中央电视台的法制栏目，宣传对未成年人的保护与犯罪预防知识。

精彩观点

● 孩子的问题多由成人造成。

● 家庭抚养不光是指物质层面，更重要的是心理抚养。

● 抚养孩子的过程中很重要的一点就是人性教育。而孩子人性方面的健康发展，家长言传身教起着关键性作用。

● 性格比智力更决定命运，在孩子早期的心理教育中，性格的养成十分关键。孩子3~6岁一定要注重性格培养。

● 给孩子存钱，不如教他怎么去做人、做事、挣钱。

● 家长的行为、教育方式都会影响孩子的一生。只有我们努力成为合格的家长，孩子才能更健康地成长。

第 2 章　关注孩子心理成长

　　应该说，绝大多数的家庭是健全、温馨的；绝大多数父母是爱孩子、教育孩子的；绝大多数的孩子也是可爱、懂事的……但是，仍有例外。发生过的犯罪案例告诉我们：有时，家庭健全、一味的溺爱并不等于健全的家庭教育。曾有这样一个真实的案例，4个不到18岁的孩子绑架杀害了一个同学，结果发现，这4个少年的家庭父母是双全的；家庭经济是良好的；他们家庭中没有亲人有过前科；他们的父母也自称管教孩子，劝过，说过，打过，骂过，可孩子就是不听……当检察官把被害孩子的现场照片给4个少年的父母看时，他们都流下了眼泪……他们不明白自己的孩子怎么变得这么可怕。尽管父母觉得把自己全部的爱都奉献给了孩子，可是孩子还是走上了歧途。

　　所以，我们要了解家庭教育的知识。好的家庭教育要理念先行。家庭教育的基本理念大致有7个方面：第一，人的心理问题往往有滞后反应；第二，孩子的问题实际上是大人造成的；第三，心理的抚育比物质上的保障更重要；第四，人性教育比智力教育更重要；第五，性格决定命运；第六，保护孩子的前提是尊重；第七，改变孩子要先改变大人。

心理问题往往有滞后反应

人的心理发展是有顺序性的，有些小时候形成的心理问题长大以后才会表现出来。有这样一个案例：几个孩子不上学，游手好闲，又挣钱无门。他们知道法律上18岁之前没有死刑，于是就绑架了一个昔日的同学，索要150万赎金，还没拿到钱就把人给杀了。杀人后，他们躲过了死刑，在法庭上竟然还相视而笑。这些孩子从十二三岁开始就不上学了，问题一直积累着，到17岁时犯下了严重的错误。

从心理学角度看，6岁之前是孩子心理成长的重要阶段。父母在孩子十一二岁时再进行教育已经晚了。美国曾经发生过一起轰动全球的大学枪击案，美籍韩裔大学生赵承熙突然开枪扫射老师和他身边的同学，一共打死32人，然后自尽。赵承熙的爸爸、妈妈都很和善，而且家庭经济状况良好，他们也不能理解自己的儿子为什么制造这么一桩血案，最后选择自杀。赵承熙的种种表现的确令人费解，脸上从没有笑容，从不和其他同学交流，作文里写的全是暴力性内容。

事实上，很多人的心理问题源于年少时期。从心理学角度分析，8岁的赵承熙从韩国移民到美国时由于环境适应等现实问题，心理上已经出了问题。第一，熟悉的同学、朋友没有了，熟悉的街道、住房没有了，熟悉的叔叔、阿姨、老师没有了，在完全陌生的环境中生活，孩子肯定不喜欢。第二，周围的人皮肤颜色与自己不同，说话也听不懂，这些都让孩子觉得这里很可怕。本案中赵承熙23岁杀人，实际上他的心理问题在8岁时就已经形成。8岁时的痛苦和恐惧给他留下了非常深的创伤，以至于他特别想变得强大，想征服别人，因此当他强大的时候，他选择了杀人。

值得注意的是，父母可能为孩子的未来着想，付出了很多努力，却并没有考虑这些努力是否适合正在成长中的孩子的心理。孩子幼小的心灵里最在乎的是安全感与快乐。因此，在孩子小的时候尽量不要让他离开亲人，离开熟悉的环境。如果迫不得已要这样做，一定要陪伴他度过这个适应期。如果家长忽略了这点，

> 孩子幼小的心灵里最在乎的是安全感与快乐。因此，在孩子小的时候尽量不要让他离开亲人，离开熟悉的环境。

> 孩子的残忍是因为孤弱无助造成的。

就会造成孩子以后的痛苦和恐惧。

孩子的问题由成人造成

未成年人是被动者,他们的心理出现问题,可能与家长的教育有关。孩子一出生就由家长带大,他们之所以有今天的表现都是家长培养的结果。家长的一举一动影响着孩子的成长和心理。

第一,家长对孩子有生命的决定权、物质的提供权、照顾的程度权和个性的决定权。 这些权利都在父母这儿,并不在孩子身上。很多家长领着孩子过来对我说:"你给我教育教育他。"我说错了,孩子的问题是你造成的,所以我要教育的不是他,而是你。为什么这么说呢?因为孩子从小就是家长抚养的,所以他今天的表现都是家长给养成的,因此家长如果想让他改变,就要先改变自己。

第二,孩子脾气不好,一定是家长宠出来的。 孩子的胃口是家长喂出来的,大家都知道,小时候爱吃什么,长大后只要一生病你肯定想吃这个。如果小时候天天吃糊糊,那么等到五六十岁,只要不舒服,你肯定想来口糊糊。想吃热汤面的,吃土豆的,吃白菜的,吃米饭的都是这个道理。同样孩子的脾气也是家长宠出来的。

第三,孩子的观念是家长引导的。 孩子对一些事情的看法,在于你不停地唠叨,你不唠叨他就没观念,你唠叨错了,他就有了错误观念。有的家长领着孩子从小吃百家饭,结果孩子大了以后觉得人家的也是自己的,因为从小接受的观念就是任何东西都不分你我。

第四,孩子的残忍是因为孤弱无助造成的。 有很多孩子从小就没人管,没人管的孩子可怜在哪儿呢?自生自灭,就是你有本事就活,没本事就算。有好多农村的孩子都这样,出生以后爸妈就不管了,这孩子经常往外跑,心理上就会出现问题。这里有个鲜明的例子,一个孩子偷了一只名贵的狗,由于说不出狗的下落,被狗主人抓住后,在狗笼子里关了3天。后来被别人发现报了案,关孩子的人被公安机关抓了起来。为什么孩子消失了3天爸爸妈妈也没发现?因为他的爸爸妈妈从来就不管他,也正因为如此,他才会去偷狗。试想,这样的孩子,长大后会善良吗?

第五,无耻是百般溺爱出来的。 部队上的一个小伙子,因为班长说他站岗哨的时候低头,就把班长杀了。在监狱里,他号啕大哭,原因竟然是监狱不舒服,不想在里面待着了。这个孩子在家里被宠爱的程度可见一斑。所以无耻是百般迁就出来的。还有的孩子出

67

走、自杀，这些都是父母错误教育的不良后果。

　　第六，父母的态度直接影响孩子的行为。《今日说法》节目曾经有过一个案例，一个孩子被家长拿链子绑在床上，邻居发现后报了警。他父母说："这孩子我们管不了，邻居的刮胡刀、焖饭锅、自行车通通偷，我们实在没有办法了，只好拿锁链把他锁在家中。"后来社区中专门负责孩子工作的同志联系了一个当地的心理咨询站，把孩子送过去了。刚进咨询站时，所有病房都丢东西，谁管他就会挨打。后来咨询站的医生通过仔细研究这个孩子，发现孩子特别在乎"吃"，就想到了用心理强化的方法治疗。少做坏事就会得到好吃的，坏事做得越少，受到奖励越大，长此以往孩子的危害行为越来越少。大概待了3个多月之后，孩子说想回家，大夫特别高兴，因为这个孩子的情感恢复了，他开始想亲人了。又过了一段时间，孩子基本好了，大夫决定把他送回家。然而结果并不让人满意，孩子的妈妈看到孩子回来，并没有任何欣喜的反应，居然扭头就走出去了。 遇到这种孩子最重要的是绝对不能打。上述案例中的父母就经常打孩子，以至于这孩子越来越难教育。而且所有人最担心的就是家长的态度，心理医生把孩子矫正好了，家长的态度却没有变化，过一段时间孩子难免旧病复发。由此可见，教育孩子得先教育大人，只有父母的态度变化了，孩子才能真正好转。

心理上的教育比物质上的保障更重要

　　家庭抚养不光是指物质层面，更重要的是心理抚养。养育孩子的过程中父母的情感起到了重要作用。而情感教育是怎么来的呢？是天天和孩子在一起，和他沟通，言传身教出来的。

　　有这样一个案例，一个山东人，很实在，家里本来有兄弟俩，但弟弟在一次车祸中去世了，家中就剩他一个。儿子的出生使他有了赚钱的动力，因此当即决定从此要多挣钱，等儿子结婚时，给他盖一套大瓦房。于是，父亲就开始出去打工，孩子的妈妈在家带孩子。结果孩子十四五岁的时候出现了问题，父亲到哪儿打工，儿子就跟着到哪儿去偷东西。当民警抓住他的时候，他根本不在乎，一脸轻松，还告诉警察自己一共偷了多少钱，连几分钱都说得清清楚楚，还告诉警察自己偷了这么多钱，应该判两年6个月。警察非常吃惊，从没见过这样的孩子！在我看来，这个孩子只是给父亲发出了一个信号，那就是"我不需要你出去给我挣钱，我也能赚钱，我需要你在我身边陪着我"。

孩子觉得父母挣钱跟他没什么关系，父母能在身边才最重要，但很多父亲并不明白这点。孩子希望父亲在自己身边，这样更有安全感，这是孩子的一种心理需要。因此，给孩子挣钱的时间，不如用来陪伴孩子；给孩子存钱，不如教他怎样去做人、做事、挣钱。

人性教育比智力教育更重要

抚养孩子的过程中很重要的一点就是人性教育。而孩子人性方面的健康发展，是家长言传身教的结果。

人性中最重要的东西就是情感，很多孩子长大后，跟父母不亲，还欺负父母，这些都属于情感教育方面出了问题。 很多学校的老师喜欢学习好的孩子，其实憨厚一点儿、心地善良更重要。情感是人性中最基本的东西。教育孩子的过程中，如果孩子对你没有依恋，不觉得你可敬可亲，并且特别不在乎你，那你的教育就失败了。当然这个在乎也不能让孩子感到憋屈，这也是特别重要的。

曾经有一位中学校长给所有老师写了一段话："亲爱的老师，我是一个集中营的生还者，我亲眼看到人类不应该见到的事情，那毒气室是由学有专攻的工程师建造的；儿童由学识渊博的医生毒死；幼儿被训练有素的护士杀害；妇女和婴儿被高中和大学生枪杀并焚烧；看到这些令我怀疑教育是为了什么。"这些人都学了很多知识，很能干，但是杀人的时候居然这么狠。我们的学生应该是具有情感的人，我们绝不能制造学识渊博的怪物，多才多艺的心理变态狂，成绩优良却杀人不眨眼的罪犯。读、写、算只有在我们的孩子具有人性的时候才显现出重要性。人性是对生命的怜悯和怜爱，是不舍得伤害一个生命。我们没有告诉孩子生命为什么重要，总觉得这是哲学问题，说不清楚。其实只要告诉孩子生命特别可贵，不要特别轻易地杀害生命，包括自己的生命，就可以了。

有人说："生命是我自己的，我为什么不能决定自己的生命？"大家都知道，很多小动物出生以后就能站立、行走、吃饭；人刚刚降生的时候，第一不能站，第二不能翻身，第三连头都抬不起来，什么本事都没有，就会哭，刚出生的人的吃、喝、拉、撒、睡都需要依靠别人。不给他盖被子，他会冻死；不给他翻身，他会长褥疮；不喂他，不给他喝水、不给他吃饭，他就能饿死。人一出生就依赖在另一个人身上至少一年，由抚养人来管，他才能活下来。因此，人的这种动物社会性决定了只要活下来就欠别人的。如果只把生命视为自己的，这是生命教育没到位。从出生开始我们就欠这社会的，欠父母的，又因为你的父母不种粮食、不织布，粮食和布都是别人种出来的、别人织出来的，所以既然享受了，就欠别人的。这些道理，家长们需要在孩子成长的过程中给他讲清楚，并告诉孩子你的生命不是生出来就有的，是我一口一口喂大的。

> 人性是对生命的怜悯和怜爱，是不舍得伤害一个生命。我们只要告诉孩子生命特别可贵，不要特别轻易地杀害生命，包括自己的生命就可以了。

教育孩子懂得责任也是性格培养的一部分。家长要教育孩子从小就对自己做过的事情负责，孩子现在对事情负责，大了就会对父母负责。如果孩子说："爸爸妈妈，我得对他们负责。"家长说："不用管，让别人管。咱们能不管就不管。"那么孩子以后也绝不会孝敬你。因为思维方式是连贯的，只有小时候学会了对事情负责，长大后才能对自己的行为负责。

性格比智力更决定命运

在孩子早期的心理教育中，性格的养成十分关键。孩子3~6岁一定要注重性格培养。

性格是指一个人的社会行为方式，凡是涉及对别人的行为都属于性格范畴。性格和智力不同，智力具有先天性，而性格是后天养成的。

培养孩子性格的第一件事就是对孩子说"不"

> 性格培养的第一件事就是在孩子3~6岁时，对他说"不"。这个阶段是孩子养成性格、习惯的最佳时期。

性格培养的第一件事就是在孩子3~6岁时，对他说"不"。一定要3~6岁时说，这个阶段是孩子养成性格、习惯的最佳时

> 孩子闹的时候一定要先把孩子带到没有其他人的地方，和孩子一对一，不要当着很多人的面来管。孩子跟谁闹，谁就来做这件事儿。

期。比如，这个时候他要玩具，你不给，他大不了在那儿哭、打滚。可如果等孩子到12岁，他要去网吧玩，你不给钱，他就会离家出走。说"不"最迟也不要超过10岁。因为过了这个阶段再管就晚了，孩子的性格已经形成了。

那么怎样对孩子说"不"呢？孩子闹的时候一定要先把孩子带到没有其他人的地方，和孩子一对一，不要当着很多人的面来管。孩子跟谁闹，谁就来做这件事儿。

但家长们一定要注意有4件事不能干。

1.不要骂。很多家长在大街上骂孩子，这会给孩子留下了一个特别不好的形象，以后处理问题也会和家长相似。

2.不要打。我认为这是最基本的原则，大人不要打小孩，强者不要欺负弱者。

3.不要给孩子讲道理。孩子闹的时候你越讲道理他越闹，所以你不要出声。

4.不要走开。孩子闹的时候我们要做的是：明确地告诉他，这样做是不对的，你要闹就闹吧。当他不再哭闹的时候开始跟他讲道理，告诉他："你这样闹是不对的，闹得累不累？累吧，妈妈看着也累，也心疼，但是你这么闹，妈妈是不喜欢的。"然后鼓励孩子有什么想法可以说出来，并陈述理由，家长再与孩子商量到底要不要做。

需要提醒家长的是，要注意观察孩子。比如，孩子盯着玩具不走的时候，你就要蹲下来，问他是不是想要玩具。千万不要装没看见，一定要问他，让他说出来。因为心里想的东西不说出来对心理健康是有危害的，所以当你发现这孩子有想法时，要诱导他说出来。"你是想要这个玩具吧？""是。""那为什么想要这个玩具呢？"他肯定说："好呗。""你能跟我说出它有什么好吗？"他可能说不出来，那么家长就要和孩子分析一下这个玩具哪里好，孩子是不是真的需要它。在这个过程中，也许孩子的注意力就会发生转移，已经没那么想要这个玩具了；当家长和孩子讨论后，如果确认可以买这个玩具的时候，家长就要跟孩子商量："这个玩具不是很便宜啊，可能是你吃很多次冰激凌，看几部喜欢的3D动画电影的钱。因为你表现好，咱们这样好不好，这个月少吃点冰激凌，先不看那部动画电影，我们把节约下来的钱去买这个玩具好不好？"这样换一种方式说"不"，聆听孩子内心的想法，让孩子慢慢地懂得不是所有想要的都会第一时间得到。

孩子性格之耐性

画画是培养孩子的好方法。学画画有两个优点。第一个优点是这个过程可以让孩子学会拿笔，这对他今后上学写东西有好处。第二个优点是画画一定得坐着，慢慢地孩子就能适应学校的课堂时间。通过这种方法，让孩子坐下来，这样对他今后进入学习状态特别有好处,这也是一种性格培养。家长还可以适当地奖励孩子,平时给点儿小的奖励。比如一个月给他买一套蜡笔,或者把写上鼓励话语的一个小卡片挂在他的床头,半年左右买一个玩具,等等。

孩子性格之坚强

孩子在4~6岁时,可以让他学习一个文艺或者体育项目。人如果感受不到生命的快乐,到一定程度就会觉得活得没劲。就像我们听一段特别美好的音乐的时候,会有一种陶醉的感觉,有一种意境,就好像被放大了,放在一幅画里。除了文艺,体育运动也特别重要。我主张孩子可以学习游泳和长跑这两个项目。因为游泳会让孩子经历一种恐惧并战胜它,有过这种经历的孩子,在成长的过程中,无论遇到什么难事儿,都会坚强地挺过去。

> 家长的行为、教育方式都会影响孩子的一生。只有我们努力成为合格的家长,孩子才能更健康地成长。

孩子性格之自私

自私的孩子从不为他人考虑。其实,生活中很多时候都可以教育孩子不要自私。比如吃饭,孩子5岁左右时,在饭桌上就要给他立下规矩:大人不动筷子,你就不能先吃。千万不要因为孩子放学回来饿了,就让孩子先吃饭。

大人们好好学习,孩子们才能天天向上

有一位老师说过这样一句话:"大人们好好学习,孩子们才能天天向上。"家长的行为、教育方式都会影响孩子的一生。只有我们努力成为合格的家长,孩子才能更健康地成长。

> 只有在小事上以身作则,教育孩子才更有说服力。

天津的一个孩子,小学五年级时,跟同学上网吧玩儿,每天晚上9点多钟才回来。一到家他爸爸就骂他:"你怎么回来这么晚?这么小就泡网吧不学习,玩儿到这会儿哪儿有时间写作业?"骂完后检查作业,发现本子里面写的全是网络小说。爸爸气坏了,点上打火机把作业本全给烧了,还警告他如果下次再去,就打断他的腿。然后爸爸去学校找老师商量对策,他让老师

每天写上下课的时间,这样这孩子到点儿就得回家,否则就会被发现。孩子确实乖了一段时间,每天按时回家。后来同学都嘲笑他:"怕你爸管吧?你是你爸的乖儿子,你快回家吧!"结果孩子犹豫再三还是去了网吧,但回到家后非常害怕,见爸爸坐在沙发上看电视,没骂他,他就跑到自己屋里去了,他想赶快装睡,这样爸爸就不会打他了。其实爸爸明白周末玩儿一次也没什么,所以就没理他。第二天是星期六,爸爸休息,孩子因为要补课很早就起来了,心想早上没看到爸爸,又躲过去一次,但晚上怎么躲呢?他走进电梯,低着脑袋半天没动,最后直接按了22层,选择了跳楼。在这个孩子的本子上写着:我就是个垃圾,塞拉不理我了,宙斯也看不起我,我就是个垃圾。这一段话说明这个孩子非常自卑。

如果家长愿意打开孩子的本子看一看,就会发现问题所在。甚至要是换个角度,以欣赏的眼光来看待他,这孩子没准还能成为一个网络作家。可这位爸爸连看都没看就给烧掉了,成人往往都视网络小说为垃圾,殊不知,在孩子心目中那是很有意思的,父母一定要了解孩子的心理。换句话说,如果父亲处理得当,这个孩子不会走上绝路。所以孩子的问题很多都出在大人的身上,家长不能以一种简单粗暴的方式去解决孩子心理上存在的问题。

家长有时会对孩子说:"你少跟那些坏小孩来往!"其实这句话让孩子很矛盾。因为他跟所谓的坏小孩来往就有了朋友,跟他们在一块儿没人敢欺负他。可是,家长仅仅是不让他跟"坏小孩"在一块儿,却没有帮他解决其他问题,这时,孩子就觉得只要跟"坏小孩"在一块儿就对不起家长,不跟他们在一块儿又很害怕……可见,家长虽然爱孩子,但在很多问题上,却处理得并不妥当。要改变孩子的行为,首先要改变大人的行为。此外,有些家长在许多方面起到的表率作用都很不够。只有在小事上以身作则,教育孩子才更有说服力。

家长需要改变什么

了解一些心理学知识

家长最起码应该知道,人的成长大体分10个时期,如下图所示。18岁以下占了6个时期,就是乳儿、婴儿、幼儿、学龄初期、少年和青年初期,这6个时期意味着人一生变化最大和变化最多的是在18岁之前,还意味着这个时期具有可塑性、可教育性、可改变性。孩子18岁之前,0~6岁占3个时期,6~12岁占1个时期,12~18岁占2个时期,由此可知,人生最重要的、排在第一位的是6岁之前,第二位的是青春期(少年和青年初期),

12堂家教课 培养孩子幸福力

人的成长大体分10个时期。18岁以下占了6个时期，就是乳儿、婴儿、幼儿、学龄初期、少年和青年初期。这个时期具有可塑性、可教育性、可改变性。

排在第三位的是6～12岁。还有一个就是青年中期，这个时期也很重要，它的长度也是6年，大多数人谈恋爱、找工作都是在这个时期，因此在这个时期会经常出现问题，犯罪最多的同样是在这个时期。再往下24～35岁是11年，36～60岁是二十多年。年龄越大，人的变化越小，越趋于稳定，也不会出太大的问题。既然人最容易在早期出问题，那么早期教育就显得特别重要。

当孩子还很小的时候，你的心里就要有尊重的意识，要把他当成一个独立的个体来对待。到了初中阶段，更要注意不要侵犯孩子的隐私，要让他感觉到你的尊重。

年龄	时期	重要性
60岁		
	中年期	
35岁		
	青年后期	
24岁		
	青年中期	大多数人谈恋爱、找工作都是在这个时期，因此在这个时期会经常出现问题，犯罪最多的同样是在这个时期。
18岁		
	青年初期 少年	青春期排在第二位。
12岁		
	学龄初期	学龄初期排在第三位。
6岁		
	幼儿 婴儿 乳儿	6岁之前为人生最重要的时期。
0岁		

一个人如果不被亲人、社会善待，他就不可能用温情善待别人。他没体验过被尊重的感觉，又怎么会去尊重别人呢？人性教育、性格教育、尊重教育才显得如此重要。

孩子3岁前要亲自抚养

家长要有恩于孩子，这里的"恩"就是指孩子是自己亲手抚养。在孩子还不具备行动能力的情况下，你说话的声音，你的相貌、你的气味都会在他每一天的期待中进入，在每一天的满足中进入，所以亲自抚养的孩子，长大后跟家长一般都比较亲。

该多陪陪孩子

青春期教育是孩子在十二三岁的时候开始的。12岁之前妈妈多陪伴孩子，12~18岁爸爸要多陪伴孩子。因为12岁之前孩子弱小，女性的温柔有助于孩子情感方面的培养。12~18岁的时候，无论是男孩还是女孩，都要跟爸爸多接触。很多女孩早恋，就是因为爸爸在家中的时间特别少，而且跟女孩的关系不是特别好。

学会尊重孩子

在孩子初中阶段，很多家长对孩子的管理都是单向的："去，写作业去！""不许看电视了！""不许再玩儿了！""你现在不许出去！"虽然这些要求没错，但是用这样的语气说出来，久而久之孩子就不愿听了。他们会对父母心生不满，因为父母从来不跟他们商量，没有考虑到孩子的感受。当孩子还很小的时候，你的心里就要有尊重的意识，要把他当成一个独立的个体来对待。到了初中阶段，更要注意不要侵犯孩子的隐私，要让他感觉到你的尊重。

比如：不要随便翻孩子的抽屉，进孩子的房间要先敲门，等等。如果一个孩子从小没有受到尊重，他肯定不会快乐。而没有感受过快乐的人，就无法指望他的心情是阳光的。

刘海洋的案例想必大家都不陌生。一个清华大学的学生，在动物园里拿硫酸泼熊。初闻觉得匪夷所思，其实要是了解刘海洋的成长经历就不难解释了。刘海洋是单亲家庭长大的孩子，在他4个月时父母就离婚了，离婚以后妈妈独自抚养他长大，妈妈是出租汽车司机，非常要强，一心只想着教育好自己的孩子。海洋6岁之前都是被锁在家中的，只有一些积木、拼图和瘫痪在床的姥姥陪伴他，他的专注力非常好，所以学习很好。姥姥怕管不住这个外孙子，所以常用"你要是不听话，那熊瞎子就来了，那熊瞎子舔小孩儿，一舔一块儿皮"吓唬他。刘海洋长大后心里一直记着"熊瞎子"，在动物园找到熊后，就把硫酸泼了过去。一个人如果不被亲人、社会善待，他就不可能用温情善待别人。他没体验过被尊重的感觉，又怎么会去尊重别人呢？所以家长给孩子什么，他就会回报什么。也正是因为这个原因，人性教育、性格教育、尊重教育才显得如此重要。

对待青春期的孩子，要改变教育风格

家长要知道青春期孩子的两个特征。

第一个特征	第二个特征
身高在一年之内超过了成年人	女孩出现月经 男孩出现排精

细心的父母都会发现，孩子进入青春期以后家长们要改变说话口气，转换教育风格。当孩子进入12岁，无论男孩还是女孩都不喜欢妈妈唠叨，所以女性在孩子进入到青春期后，要适度精简自己的话，千万不要再啰嗦。

比如：孩子小时候春游，你给打包，而青春期以后就要告诉他，明天春游，你自己带好东西，需要什么建议可以问我。完了，你扭头干你的事儿去，不要盯着他，带什么、不带什么，不要管。他要落下了什么，同学肯定会笑他，下次再出门，他自己一定会提前检查好所要带的东西。

很多家长为孩子上网发愁。一旦上网成瘾，有可能带来不良的后果。这种情况在心理学上被称为成瘾行为，包括喝酒、赌博、吸毒等。很大一部分有成瘾行为的人是在逃避别的东西，成瘾行为是一种替代行为。在这种情况下，要是这种替代行为也被剥夺了，他还会找别的事儿去做。说到上网，有些家长把电线拔了、电脑搬走，这些做法都没有起到正面作用，因为孩子还可以去其他地方上网。想让孩子摆脱网瘾，父母需要另寻良方。有一个父亲做得特别好。他的孩子在高一的时候上网成瘾，没日没夜地玩儿。这个父亲特别聪明，他给孩子报了一个乒乓球班，强迫他暑假去学乒乓球，而且每天拽着儿子和他打球。刚开始父亲老占上风，因为他在调动孩子对乒乓球的兴趣，渐渐地孩子开始上心了，球技大长，很快就超过了父亲，而且也越来越喜欢乒乓球。就这样孩子成功地戒掉了网

瘾。这就是替代法。这位父亲用另一个快乐代替了孩子上网的快乐。所以，请记住，一定要让孩子觉得有比上网还好玩儿的东西，这样他就不会陷入网络之中了。

学会真正地体贴孩子

进入初中，孩子压力都很大。如果6岁之前他的行为习惯和性格都养成得很好，这个时候孩子就不会出现大问题。家长要知道，每个人在不同方面的天赋是不一样的。家长应该找到自己孩子的兴趣点。比如有的孩子喜欢小动物，长大可能比较适合学生物学；有的孩子在语言方面有天赋，今后没准儿成为翻译家或导游。所谓各有各的道儿，不必非把人都按到一条道儿上去。家长千万不要跟自己的孩子较劲，而应该帮助孩子成就自己的梦想。

我想对家长说

教育需要各方面都动脑筋。家长首先就是要多学习。不要小看自己的孩子，当今社会，孩子到一定的年龄都会有自己的想法和打算，家长要做的是了解孩子的想法与打算，帮助他分析自身的优势，找到发展的方向和途径，而不是把自己的理想甚至是自己没完成的理想都强加于孩子。

对待孩子，要尊重与帮助，而不是剥夺与替代。当孩子明确自己的价值与发展方向，知道自己要什么时，他才会自觉自愿地奋斗。当他能够自觉自愿地去实现自己的理想时，他就长大了，成熟了。

随堂笔记

写下随堂笔记，留给20年后的孩子，留下成长的印记

第3章

亲子沟通是实现家庭教育的一个重要方式。沟通是家长与孩子之间相互理解,彼此关爱,情感相通,达成共识的一个过程。在这个过程中,我们要有意识地成为智慧型的父母;懂得倾听,学会尊重,接受孩子的想法,并运用语言艺术充分地和孩子交流。沟通是一门艺术,学会沟通的艺术,我们将会离孩子的心灵更近一步。

亲子沟通有学问

第七堂课 做智慧型父母　　　　　　　　胡玉顺

第八堂课 思维影响教育,教育需要沟通　　齐大辉

第七堂课
做智慧型父母

授课专家
胡玉顺

首都师范大学教育科学学院家庭教育硕士生导师、副教授，北京市家庭教育研究会副秘书长。从事教育基本理论、德育原理教学研究30多年，为本科生系统讲授家庭教育学课程13年，指导家庭教育专业研究生，带领他们进行专门的家庭教育理论研究和实践。

精彩观点

● 家长要用坦率、诚恳的态度与孩子进行沟通，正确的态度是有效沟通的重要前提。

● 孩子如果一直生活在一个紧张、恐惧的，没有安全感的环境里，会给孩子的心理造成阴影，而这种心理阴影将会伴随他终生。

● 不管是哪个年龄段的孩子，如果犯了错误，父母应"重责其事，轻责其人"。

● 唠叨是种软暴力。

● 为了孩子的健康成长，为了家庭的美满与和谐，让我们做有智慧的父母，有效地和孩子沟通。和谐的家庭，从沟通开始。

● 父母一定要给孩子成长的机会。父母退后一小步，孩子就会向前迈进一大步。

第 3 章　亲子沟通有学问

智慧是什么？智慧是一种能力，即无论是在家庭生活还是在社会生活中，当你和外界交往接触时，都能对客观的外部环境有一个分析和判断，并在此基础上创造性地去解决问题的一种能力。

孩子每天都有不同的表现，有的让你高兴，有的则会使你抓狂。作为家长，应该如何分析、判断？如果遇到了问题，又该怎么解决？这些都要靠智慧！

你是智慧型父母吗？你知道如何与孩子有效沟通吗？

闲谈≠沟通

有些父母和孩子的关系表面看起来很和谐，但孩子一旦出现问题，或父母认为孩子有问题时，孩子却并不接受父母的教育，反而叛逆得更厉害。为什么会这样呢？这是一个最基本的话题，那就是沟通。

沟通应具备3个要素

第一，有明确的目标。和孩子沟通时，父母要有一个目标，就是沟通要解决什么问题。比如，因为孩子在班上表现不太好，老师请家长去学校面谈。孩子出现问题，家长难免被老师数落一番。老师的方式、方法可能欠妥，家长被训话后难免会有不良情绪。带着一肚子气回到家看见孩子时，该如何跟孩子沟通？这时，家长就需要设定一个目标：我想

12堂家教课 培养孩子幸福力

解决什么问题？作为父母，要非常清楚地知道自己要跟孩子谈什么。可以这样说："我要跟你谈一件事情，今天我跟你谈的目的是……"

第二，既要传递所说的内容，也要传递感情和思想。在沟通过程中，把事情说清楚比较容易，但要传递感情和思想却并非易事。

第三，要达成共同的协议。沟通的结果是什么？是要达成一个共同的协议。没有达成共同协议，沟通就没有效果，或者说效果很差。

别让孩子从小就感到恐惧

沟通是一种行为，是交流的双方要寻求彼此之间的互通。父母跟孩子沟通是父母的行为和孩子的行为之间的一种交往。那么，在这个过程中，父母和孩子就要建立彼此之间的共同性。如何纠正孩子的错误？如何在纠正错误的过程中不让孩子感到恐惧？这就需要寻求一种共同性，那就是共同享有一种信息，享有一种态度。

很多初中生、高中生叛逆，问题的根源其实来自于他们在幼儿阶段和小学阶段的早期体验。所以，有效沟通应该从小开始，如果等到孩子年龄大了再去干预，难度就会很大，孩子也不可能很快地转变想法。

有位爸爸，他的孩子将近3岁，准备上幼儿园。一天他和妻子因为生活琐事发生口角，在客厅就吵了起来，吵得比较厉害。当时，孩子在自己的房间玩，听见父母吵架，就从房间出来，两只小手抱在一起，一脸害怕地哭着说："妈妈、爸爸，你们别再吵了，我错了。"之后孩子还不停地边哭边说："妈妈我错了，我错了……"

这位爸爸很不解，我们俩吵架跟孩子没有关系，孩子为什么说自己错了呢？后来，他告诉我，孩子平时在家和妈妈在一起

> 有效沟通应该从小开始，如果等到孩子年龄大了再去干预，难度会很大，孩子不可能很快地转变想法。

> 如果一直生活在一个紧张、恐惧的、没有安全感的环境里，会给孩子的心理造成阴影，而这种心理阴影将会伴随他终生。

> 不管孩子多大，父母在和孩子沟通前，一定要注意自己的态度。只有先把自己的心态调整好，才能用正确的方式和孩子进行沟通。

时，只要犯错误，妈妈就要管教他。妈妈打他时常说的一句话就是："你说你错没错？"直到孩子说："妈妈，我错了。"妈妈才停手。在教训孩子时，妈妈非常生气，表情严肃而愤怒，声音里也透着怒气，嘴上嗷嗷叫。所以，当妈妈和爸爸吵架时，孩子听到妈妈嗷嗷叫的声音，看到父母生气的样子，马上就紧张起来，以为妈妈生气要打他，于是赶紧说："妈妈，我错了。"

如果一直生活在一个紧张、恐惧的、没有安全感的环境里，会给孩子的心理造成阴影，而这种心理阴影将会伴随他终生。

那个要考到外地、不想回家的女孩跟我说："老师，你知道吗？我上小学的时候天天背着爸妈的结婚证上学。因为怕他们离婚。"孩子才上小学，就能感觉到父母要离婚，感觉到父母可能不要她了，她不知道该怎么办。她说她现在长大了，父母可以离婚了。但是她内心深处是没有安全感的，非常害怕。还有那个想大声喊的女孩，她的父母每天打架，然后就把气撒在她身上。那个想结婚的孩子，她的父母离婚又复婚，而且总是在外做生意，经常不在家，所以这个孩子每天都很孤独，内心的恐惧也并未随着年龄的增长而减少，她没有办法，就找了一个比她大一岁的男孩做男朋友。而那个男孩，也是从小被父母遗弃，跟爷爷长大的。这两个孩子为了寻求一种安全和依托而走到了一起。这两个孩子已经十七八岁了，他们心中的恐惧和不安全感已渗透到生命里，在内心深处挥之不去。

由此可见，和婴幼儿阶段乃至小学阶段的孩子进行有效沟通是多么重要，这种沟通将影响孩子的一生！

正确的态度是有效沟通的前提

教育孩子如同酿酒，无论酿造的是甜酒还是苦酒，最后都是由父母自己来品味的。不管孩子多大，父母在和孩子沟通前，一定要注意自己的态度。只有先把自己的心态调整好，才能用正确的方式和孩子进行沟通。正确的态度是有效沟通的重要前提。

态度要坦率、诚恳

父母在跟孩子说话时，要非常坦诚，要让孩子感觉到"爸爸妈妈是为了我好才跟我说这件事"。

要有同理心，换句话说，就是父母对待孩子要感同身受

大部分孩子在听讲座时都坐不住，各种姿势都有，跪着的、站着的、说话的……怎样

理解孩子的这些行为呢？如果以大人的标准或社会的道德准则来看，父母们肯定会说"这样的坐姿是不对的"。因为在课堂上，孩子这么做就是不守纪律。但是，从孩子的角度看，之所以这么动，自有其原因：一是孩子不爱听；二是孩子自控力差；三是年龄特点。所以，这个时候父母应该感同身受，理解孩子，包容孩子，而不是一味地制止、纠正他们的行为。

要尊重孩子

父母到底要尊重孩子什么？人格！孩子再小，再不懂事，他也是一个人。父母和孩子之间的沟通是人与人之间的沟通。孩子不是一个物品，不是一件东西。有些父母在生气时常会对孩子说："你真不是一个东西！"孩子反驳说："我就不是东西！"此时，孩子的潜台词是什么？孩子的心里其实是在喊："我是人啊！"

孩子是天生的思想家，他脑子里有许多想象性的语言。所以，父母在跟孩子谈话时，要注意孩子会对父母的话产生联想。因此，不管孩子多大，都要尊重他的人格，不要认为他年纪小就可以肆意侮辱他的人格。如果父母不尊重孩子的人格，孩子将来就有可能以其人之道还治其人之身，不尊重父母的人格。

要包容

> 包容不等于没有原则，没有界限，而是父母在孩子的成长过程中，不要过于苛求其言行。

包容不等于没有原则，没有界限，而是父母在孩子的成长过程中，不要过于苛求其言行。有个妈妈，不停地说她的孩子这不好、那不好。我问她，"你的孩子有没有值得你高兴的地方？"她想了想，说真想不出来有什么让她高兴的地方，并且说很后悔生了这个孩子。我说："你的心情非常不好，我理解你。婉转的语言会让孩子觉得很亲切，而命令的语气则会让孩子感到恐惧。但是孩子的问题是成长中的问题，作为母亲，胸怀要宽阔一点，只有先接纳孩子，才能教育他。"

> 婉转的语言会让孩子觉得很亲切，而命令的语气则会让孩子感到恐惧。

要就事论事

不管是哪个年龄段的孩子，如果犯了错误，父母应"重责其事，轻责其人"。有的孩子总是不会做作业，父母就会骂孩子笨，说孩子是猪脑袋。这样是不对的。父母应该是对写作业这件事进行分析，而不应该侮辱孩子的人格。

有的孩子会和父母顶嘴，父母生气了就打孩子，这也是不对的。父母跟孩子可以认真，但不要较劲。有的孩子在做作业时注意力不集中，父母就会一直在旁边盯着孩子。其实，父母可以换位思考一下，假如你在做一件事情，旁边有两个人盯着你，你是什么感受？如果父母天天盯着孩子，孩子此时想的不是"我怎么把作业写好"，而是"我怎么不让我妈妈盯着我"或者"我怎么让妈妈满意"，这样他就更不可能把作业做好。

有话还得"好好说"

沟通是一种父母和孩子之间的双向行为，包含两个方面。

第一方面是父母说，孩子听。

第二方面是父母问，孩子答。

沟通的过程是两个人之间的交流，有说有听，有问有答，这样才有意义。和孩子沟通需要一定的技巧和方式，家长要通过智慧的表达，有效地传递信息，让孩子感受到父母的爱。

父母都爱孩子，但是很多孩子却感受不到，原因就是家长的表达方式有问题。中国有句俗话"打是疼，骂是爱"，我们习惯于把爱都融进打和骂之中。打是让孩子身体受皮肉之苦，骂是让孩子在人格和感情上受伤害。然而，那是真正的爱吗？不，那是一种不理智的爱！

和孩子沟通一定要使用孩子能够接受的语言，即"可接受性语言"，它既包括口头语言，也包括书面语言。父母一定先要了解自己的孩子。父母可以站在孩子的角度考虑，自己说什么话，怎么说孩子愿意听，怎么让孩子有话愿意跟父母说。家长如果能经常使用这种"可接受性语言"，就意味着他们有接纳人的能力。

举个例子，有些父母批评孩子时会问："你今天在学校怎么做的？"这是什么口气？质疑的口气。孩子看到父母生气的表情，就不知道该怎么办了。他根本没法思考在学校里发生的事。所以，这样的语言是孩子接受不了的。同样的情况我们完全可以换种方式。比如父母可以在吃完饭后说："宝贝，过来，爸爸妈妈要跟你说件事情。"孩子会问："说什么事啊？"家长就说："我今天到学校去了，是老师叫我去的，你知道为什么吗？"

孩子不会马上回答你，家长接着说："因为你。"孩子就会问："因为我什么呀？"家长这时可以说："想想你今天做什么了，对于你的做法，老师又做了什么？"然后家长就不要再说话了，把思考的时间留给孩子。

此外，和六七岁以前的孩子说话的时候，父母要多用一些语气词，比如"是吗？""好吗？"等。家长说话时尽量婉转，放慢语速，让孩子在感情上和思维上有一些空间。除此之外，父母还要学会使用否定词，否定的表达比直接表达效果更好。比如"我认为你这样做绝对错了"，这句话说出来孩子肯定不爱听。那么，可以改为"我不认为你这样说是对的"。在和孩子交流时，不要太直接，否则孩子接受不了；也不要讲大道理，因为孩子听不懂。

在使用"可接受性语言"的同时，父母还要做到一点，就是要减弱"我向信息"，减少使用孩子不能接受的语言，即父母要控制自己的情绪和内心的意志。有些父母"我向信息"太强，比如当老师的总是爱教育别人；当领导的总觉得自己是对的；从事医生职业的非常严谨；从事会计职业的非常细心……家长大部分时间在职场，久而久之对自己的要求就会变得非常严格，所以一些家长往往用成年人的标准来要求自己的孩子，在和孩子交流的时候便会不自觉地流露出教训人的口气。孩子在接收这种表达的时候是非常反感的。这样的沟通肯定会出问题。

有一位女总裁，跟她孩子之间的问题比较严重，于是我建议她开车回家后不要急于上楼，先把自己的心态调整平和后再进家门。回家之后一定要给自己一个意识：我是孩子的妈妈，是丈夫的妻子，是家庭的一个成员。要从总裁的身份转换为妻子、母亲的身份。她按照我的建议，每天都调整一下，在家说话时也注意自己的手势，不再"指点江山"。一段时间后，母子之间的关系果然缓和了许多。

所以，父母和孩子沟通时要减弱"我向信息"，减少不可接

现在很多家庭都是言教多，身教少。言教太多了就是唠叨，而唠叨是软暴力。

喋喋不休地给孩子讲大道理，孩子往往听不进去，这个时候可以采用讲故事的方法。既然孩子不爱说教，父母就应该少讲道理多讲故事。故事有情节，蕴含着道理；故事当中有是非、有价值标准。

受的语言。

唠叨是种软暴力

在6岁之前，比较好的沟通方式是什么？是以身作则，身教重于言教。

有一个男孩非常优秀，他小时候经常说"我妈妈说的，我爸爸说的"。到了初中，被问到"你心中的偶像是谁？"时，这个孩子回答说是爸爸和妈妈。他的父母并没有从事很风光的职业，家里也没有很多钱，买不起豪宅或好车，一家人过着朴实无华的生活，但爸爸妈妈对孩子的身教更重于言教，而且在孩子成长的过程中，当孩子需要他们时，都会及时出现。

这两位家长和孩子的沟通非常好，他们在和孩子沟通时，总有一种意识。

1.跟孩子说话，我的意思是什么，要让孩子听懂。

2.我有这个意思，怎样表达才能让孩子听懂。

3.我说的话，孩子怎样去接收。

另外，我的话说出去以后，孩子接收了，结果是什么？这一连串的过程，这对父母把握得非常好。结果就是父母对孩子的影响成为其终身的财富。

现在很多家庭都是言教多，身教少。言教太多了就是唠叨，而唠叨是软暴力。

喋喋不休地给孩子讲大道理，孩子往往听不进去，这个时候可以采用讲故事的方法。既然孩子不爱说教，父母就应该少讲道理多讲故事。故事有情节，蕴含着道理；故事当中有是非、有价值标准，如《格林童话》《365天》等都是很好的故事书。

父母要善于讲故事，讲完故事之后还要善于提问，问问孩子故事里都讲了些什么，让孩子复述一下故事。孩子在复述故事时，父母可以提一些问题去引导孩子发现其中蕴含的道理，这样比直接讲道理效果更好。

爱他，你就抱抱他

在和孩子交流时，父母除了使用语言，还要加上表情和肢体语言等。

假如你爱孩子，你的眼睛要看着他，四目相对，告诉他爸爸妈妈很爱你，这个时候音调要非常轻柔。特别是看着孩子的眼睛说"爸爸妈妈很爱你"时，"爱"字一定要说得有起伏感。

12堂家教课 培养孩子幸福力

孩子刚出生时，感觉器官发育得最成熟。所以他们最初和这个世界的交流，就是靠感觉系统来听、来看、来接触的。心理学研究表明，孩子接受信息的时候，语言、音调和表情在孩子身上所起的作用是不一样的。语言的作用占7%，音调的作用占38%，表情的作用占55%。父母在和孩子说话时，一般语言比较多，而孩子在听话时，首先用的却是眼睛，他会看父母的表情。如果父母板着脸对孩子说"我很爱你"，孩子会认为那冷冰冰的表情是爱吗？其次，孩子耳朵听的重点会放在父母说话的音调上，最后才会关注父母说话的内容。

中国人表达情感的方式比较含蓄，父母很少亲孩子，摸孩子。有些父母在表达愿望的时候只顾自己的感受，而且爸爸跟孩子沟通的时间相对来说比妈妈少。有一位父亲，在外面担任很重要的职务，孩子却很叛逆。有一次，我建议那个孩子回家后抱抱爸爸。孩子张开手向爸爸走过去时，爸爸很生气，以为孩子要打他。但是当孩子抱住爸爸，两个胸膛紧紧相贴时，父子俩真是心贴心，那种感情是任何时候都比不了的。

有一个孩子，当他还是个小婴儿时，他的妈妈没有奶，在冲奶粉时，孩子等得很急躁，就哭了起来。他的妈妈很烦，伸手打了他。我当时在场，就把孩子抱过来，紧紧搂着他，让他的心脏贴着我的心脏，轻轻地拍。孩子使劲地拽着我的衣服，寻求安全。在他上小学时，他的妈妈总打他，他在学校也受欺负，老师和同学都歧视他。现在这个孩子已经长大，快30岁了，但是由于早期的经历，他说起话来特别胆怯，整个肢体老是缩着，舒展不开。所以父母在和孩子沟通时，有话要好好说，要学会运用肢体语言，让孩子真正感受到你的爱，这一点都不难。年龄小的孩子和老人一样，都特别需要身体的接触，父母要经常抱抱孩子、摸摸孩子，这样会让孩子有安全感，会让他感觉到你对他的爱，他的心里会很温暖。做智慧型的家长先要学会调整自己，心态要平稳，这样才能有效地和孩子进行沟通。

> 心理学研究表明，孩子接受信息的时候，语言、音调和表情在孩子身上所起的作用是不一样的。语言的作用占7%，音调的作用占38%，表情的作用占55%。

> 年龄小的孩子和老人一样，都特别需要身体的接触，父母要经常抱抱孩子、摸摸孩子，这样会让孩子有安全感。

做个会"听话"的父母

父母还要学会积极地、耐心地聆听孩子说话。有效接收信息的前提就是积极地聆听,父母要有极大的耐心让孩子把话说完。孩子说话时,父母要很专注地听,不要心不在焉,否则孩子会觉得父母不重视他。而且不要随意打断孩子的话,因为这样做孩子会非常反感。

越小的孩子,越需要父母付出极大的耐心。父母要让孩子把话说完,把话说清。因为孩子接受了父母的要求之后,还要自己进行转换。他会把"爸爸妈妈要我做"转换成"我要做",然后再转换成"我怎么做",这需要一个过程,父母不要操之过急。

有一个孩子特别阳光,什么事在他身上都不叫事,遇到困难和挫折的时候,他都能以积极的心态去面对。为什么?因为他平时在家里就这样,一有事情就主动倾诉,听父母出主意,于是很多问题都化解了。这是一种从小养成的倾诉的习惯,父母可以让孩子每天从幼儿园回来后复述他在幼儿园里所做的事情,培养孩子主动倾诉的习惯。

父母还要以问代答,善于向孩子发问。有的孩子观察力不好,写作业的时候经常写错字,即使让他重写8遍、10遍,他还是会写错。这个时候,做父母的可以换一种方式跟孩子沟通。比如,你可以把他的错字写下来,然后问他:"妈妈这个字写得对吗?"这时,孩子就会以一个师长的身份出现,给你挑错,说你写得不对。你就继续问他:"怎么写才对呢?你给我写一遍,好吗?"孩子就会告诉你正确的应该怎么写。经过他告诉你的这一遍,他就会记住这个字该怎么写,不会再写错了。为什么呢?因为他的位置不一样,心情也不一样了。

为了孩子的健康成长,为了家庭的美满与和谐,让我们做有智慧的父母,有效地和孩子沟通。和谐的家庭,从沟通开始。

我想对家长说

父母要善于向孩子示弱。大多数父母习惯于自己强,孩子弱。孩子不会什么,父母就直接告诉他,因为父母觉得自己什么都知道,处在强的位置。其实,要想让孩子变得强大,父母首先就要示弱。如果父母一直很强大,孩子就永远长不大。有的家庭溺爱孩子,总想着保护孩子,这样无形中就剥夺了孩子自我成长的机会,让他的两个肩膀没有机会去担当责任。因此,父母一定要给孩子成长的机会。父母退后一小步,孩子就会向前迈进一大步。

第八堂课
思维影响教育，教育需要沟通

授课专家

齐大辉

中国家长教育研究所所长、北京市家庭教育研究会副会长、北大公学教育研究院院长、北大家庭文化与家长教育研究所所长、北大汇丰商学院家业财富中心主任教授、清华大学客座教授；美国玛赫西管理大学教授、美中教育研究会副会长。

精彩观点

● 没有成熟的成人，便不会有成熟的社会；国民素质从娃娃抓起，娃娃素质从家长抓起。

● 教育求作为，请记住"三为"公式：作为＝认为＋行为。

● 认真想达标，请落实"三元"完整：认真＝目标明确＋程序完整＋结果达标。

● 得道好教育，请了解"三借"艺术：得道＝借外脑＋借外力＋借外景。

● 交流中数字概念很重要，家长应帮助孩子养成用数字说话、守时守信的好习惯。

● 教育好孩子，需多从动作、程序、方法上作激发，少从意义、观念、概念作说教。

● 有效教育乃不言之教，试试《家庭公约》教育工具，可以有效让孩子自觉独立成长。

● 孩子的独立成长是非常必要的，如果家长不放手，孩子便不能独立成长，剥夺孩子自己经历事情的权利，那孩子就没办法长大。

第 3 章　亲子沟通有学问

大家都希望孩子成为优秀的人，优秀的人有什么特点？他们的思维方式是什么样的？大家怎么对待孩子每天发生的事情，比如说孩子考试成绩不好怎么办？孩子跟你闹脾气怎么办？孩子可能谈恋爱了怎么办……这些问题的出现，从根本上讲，其实都是对待发生的反应思维问题。

世界上不会有两片相同的树叶

我们先做一个测验，看看下图中的大象有几条腿，这是个思维测试题。

对于这个测试，不同的人有不同的答案，答案会是4、5、6、7、8条腿。

这说明什么？说明人的认识是片面的、不可靠的，人人都活在自己的"认为"中，一生如此。所以，在教育孩子时、夫妻沟通时、与同事相处时，都不要太相信自己的看法，"认为"不同是"冲突"的原因。

再看下边这张图片，你能在图中看到几张脸？是看到了一个小姑娘，还是看到了长胡子的老爷爷？

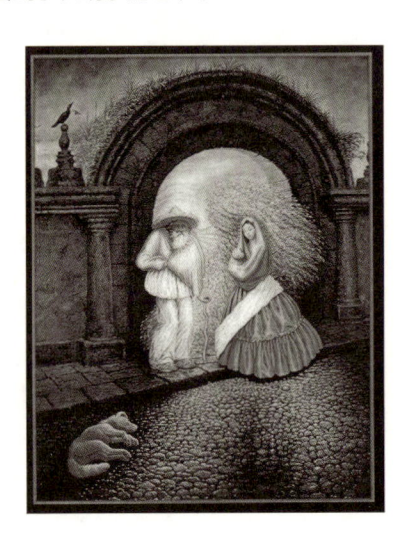

> 所有初始优秀的人，其思维模式跟别人是不一样的，他们的方向比较正，效率比较高，适久力比较强，忍耐力也比别人强，这就是成功的规律。

其实，图中还有许多张面孔，而每个人的第一印象都不尽相同。

同样，一件事情发生时，我们看到的信息不一样，导致的"认为"不同则采取的"行为"就会不同。

中文是一种很有趣的语言，同样的文字因断句位置不同，所表达的意思就会出现很大差别。比如，我们曾用"在这个世界上如果男人没有了女人就恐慌了"这句话做过实验，结果通常是大部分女人第一反应是站在女人这边说："这个世界上，如果男人没有了女人，就恐慌了。"而男人的读法却恰恰相反，他们一般会读成"这个世界上，如果男人没有了，女人就恐慌了。" 大家对生活中发生的事情看法不一致，自然对待其方式也不同，这很正常。人类认知的"冲突原点"就是源于人们的"思维模式"不一样，从而会形成不同的行为结果。

前十名的思维模式

刚出生的新生儿大脑就如同一台新电脑，家长给孩子输入的原始程序非常重要。你给孩子输入的大脑程序是286的、386的、486的，还是双核的，输入的程序不一样，速度就不一样，当然效率不一样！那么前十名策略是什么？所有初始优秀的人，其思维模式跟别人是不一样的，他们的方向比较正，效率比较高，适久力比较强，忍耐力也比别人强，这就是成功的规律。前十名的人有几个特点。

第一，他能够瞬间把能量调至应用的发力位置上。

第二，他持续的时间比较长，其注意力、集中力都比较强。人是分等级的，如果我们用句号、惊叹号、问号这三种符号分别代表几类人的不同样子，那么不同样子的人成功的规律不同。

有一种人很少犯同样的错误，能够在几次重复中就能达标，这种人是画句号的上等人，是能够圆满的人。这些人很年轻就很有成就了，他们的思维比别人新，行动力比别人快，毅力比别人强，不犯或少犯曾经犯过的错误，知行合一。很多人一生知道的很多，但做到的很少，就是不能画好句号，这种人就是画惊叹号的人，总是三天打鱼，两天晒网。还有很多人都是画问号的人，他们总是提出问题，表示怀疑并固执己见，经常犯重复性错误，总是在怀疑评论中后悔度日。

第三，前十名的人通常是能画句号的，懂得坚持的人。前十名人的想法、做法、说法和常人都不太一样。举一个案例就能说明问题，大家都知道第二次世界大战中德国希特勒有一个非常得力的战将叫隆美尔，外号"沙漠之狐"。但在北非战场上，他却被美国的巴顿将军打败了。为什么他会败给巴顿将军？大家可能都看过《巴顿将军》电影，还记得有这样一个镜头吗？在开战前的晚上，巴顿将军说了一句话："隆美尔你死定了！"便睡了一个好觉，并打了一个大胜仗。为什么？因为他睡前看了一本隆美尔的自传书，他放下那本书后便已经知道胜券在握了，因为他了解了对手的人性特点与弱点，胜利是必然的。所以战争也好，教育孩子也罢，所有的事情的成功失败都归结到人的大脑思维方式，正确的判断，了解人性思维模式的判断，这是最根本的。

第四，前十名的人通常十分认真，大家也都希望孩子认真学习。那么，什么是认真？怎么让孩子学会认真？对"认真"二字，我们经常会听到各种各样的解释，但是大部分人，包括很多教育工作者都解释不清楚。新华词典里对"认真"的解释只是：仔细、不马虎的概念定义，但这并不能成为动作上的正确操作。

认真由三个要素构成，缺一不可

用一个美国朋友学做土豆丝的故事来解读"认真"这个词的定义概念。在美国周末，朋友经常各自带几个炒菜聚在一起，共同分享美食带来的家庭乐趣。我经常带的菜是"醋熘土豆丝"，这道菜很简单，朋友们都很喜欢吃。有一次，一个美国朋友问我，能不能跟我学一学。我便说没问题，随时都行！他想了下说："戴维，不能随时！"我说，为什么？他说，周一到周五我们都工作，不能随时。周六、周日你我休息才可能！

这个问题，让我突然意识到我们说话的语言习惯往往重感觉而忽略动作的可操作性。比如，大家常说"等我一会儿"，其实这个"一会儿"的概念在每个人心中与行为习惯上都是不一样的结果，这也提醒我们在生活中要使用精准的语言；同时提醒家长，在教育孩子的时候要用数字说话，这是一件很基本的事情，这样做才能够做到严谨并具备教育的说服力。

后来，我和外国朋友把时间约在星期天下午两点。到了那天，他一进门，我让他先喝点儿茶，但他直奔厨房，要学做菜。

这就是认真三要素之一 —— 目标明确的充分展现。明确要做的事，不把过多的时间浪费在谈论与目标无关的其他事情上，这是认真的一种表现。很多孩子做作业的时间准备不足，多余动作特别多，这就造成孩子做作业的有效时间缩短，这都是影响孩子学习成绩的问题。

出现这种问题，就要学习认真三要素之二 —— **程序完整**。这个外国朋友到了厨房，把工具包一放，就开始往外掏工具了。笔、本、秒表、量尺、卡尺、量杯，一大堆。原来，这些都是学炒菜用的，这是一种德国式的严谨认真，随后我们就开始操作了起来。我拿了几个土豆放在盆里。这位外国朋友竟然问这个土豆是什么品种，并拿小剪刀把标签剪下来，贴在笔记上，并注明"第一：原料、成分详见标签"。在后来的制作过程中，这位外国老兄还不停地关注切土豆的刀是什么型号的；土豆是切方的还是圆的；土豆的长宽高厚是多少；包括开始烹炒时，正三下、反三下、45°角、几秒钟等很细节化的问题，这就是民族的差异。我们怎么教育孩子？要学习不同种族中的优秀的东西。炒完以后他还要我帮他确认一遍制作流程。只一个炒菜的过程，他就记了120多项！看完以后还要我签字认证，说保证知识产权。

两周以后他又约我到他家去品尝炒土豆丝。去了一看，土豆丝炒得真好，但孩子们直摇脑袋说："叔叔，我爸爸天天炒土豆丝，炒了很多次了，我们吃多了。"这位外国朋友的好成果是反复练习出来的，所以说重复才是力量，知识不是力量。从这个案例，大家就可以了解，什么叫作认真。在教育孩子过程中，家长也要目标明确，程序一定要完整。

保证程序完整，还要注重认真三要素之三——结果要达标。

此外，从这个故事中，还希望大家理解数字的重要性，要建立起来一个概念，要用数字说话，"请等我10分钟""对不起，晚10分钟"，这应该成为我们民族的一种习惯。

我们应该给孩子建立起时间的概念、数字的概念及守时的好习惯。

改变从我做起

我们都希望孩子有所作为，也希望自己的一生能有所作为。如何成为有效的父母呢？

首先，从思维模式讲起，我想告诉大家一个公式——"三为"公式：作为=认为+行为。 先来看右边这幅图，有人看到了妙龄少女，有人则看到了愁眉苦脸的老妇人。看到怎样的画面完全取决于你自己。而思维上的改变也是同样的道理，变与不变完全在于你。我们要想改变，一定得自己先改，自己改了，别人也就跟着变了。家长都希望自己的孩子有出息，那怎么才能让孩子有出息呢？首先要转变思维，有了思维的转变，孩子自然就不一样了。

"父母"不等于"家长"

"父母"是生理意义上的血缘关系称谓，是唯一的。而"家长"是社会意义上的因缘关系称谓，是多重性的，家长是孩子真实的生长环境，家长包括父母、祖父母、保姆、邻里、家教等，这些都是孩子的成长环境的重要组成部分。

现在家长因工作繁忙，往往忽略了自己的"家长"身份，只为孩子提供物质基础而没有尽到家长的责任。在我国目前的教育系统中，由于缺乏家长教育，大部分家长都是自然型父母，而不是教练型家长。如果家长能够得到一些系统的家长教育学习，掌握一些原理、方法、工具，并正确应用，就可以成为教练型家长。

举个例子，我有一个学生是军官，他和夫人虽然都是农民出身，但这位妈妈非常有智慧，她懂得如何培养孩子的自尊心与责任心。在儿子上小学一年级时孩子总是让妈妈辅导做作业，这位妈妈处理问题的方法很独到，她想自己的文化水平不高，顶多能辅导孩子一两年，身边有文化的人又不多，帮孩子第一次就会有第二次，如果帮上瘾成了习惯，以后可就麻烦了。干脆一次教训管孩子一生，在孩子第一次找她帮忙做数学题时，她故意把所有的数学题都做错。儿子刚开始还很高兴，因为妈妈一帮忙，作业做得特别快。第二天这孩子哭着回家说："妈妈你是个大笨蛋，你不帮忙我还能及格，你一帮忙我却拿了零分，同学们都管我叫零蛋，以后不听你的了，我自己做！"自此孩子再也没有让妈妈帮忙做过作业，成绩还不错。她进一步告诉儿子说："爸爸当军人不容易，你要向爸爸学习，我们家条件不好，你不用太好强，学习中等就行。"结果孩子认为妈妈瞧不起自己，他拼命要争口气，结果一直保持班里前几名。所以教育孩子需要巧办法，家长给孩子空间，他会自然正向成长的，但如果你给孩子一个够不着的目标，三五次失败后就没了信心，他就气馁放弃了。这样的妈妈很有智慧，懂得利用孩子的自尊心、自信心把孩子教育得很出色。

再举例来讲一讲家长成熟的重要性，美国希拉里和克林顿这一对儿都是很有才华的夫妻。他们的父母在培养孩子时都比较成熟地用了正确的方法，这也是他们成功的原因之一。克林顿的母

《道德经》第二章中有这样一句话"处无为之事，行不言之教"。有效的精确教育最根本的是需要了解原理、学习方法、掌握工具。

亲一直希望儿子做领导，有一天成为美国总统。她利用"念力"的引导作用鼓励儿子，妈妈要求朋友一定要叫他儿子为"克林顿总统"，在克林顿的生日卡片里，如果没有写明"总统"抬头的卡片都会被她扔进垃圾箱里。妈妈总是鼓励他朝自己的梦想努力奋斗，克林顿从小就很优秀，在他十几岁时就到白宫参加优秀青少年代表活动，当他握过肯尼迪总统的手，摸着白宫总统沙发背时，他曾经说："30年后我一定要在这个位置上！"结果他真的成功了。人与人其实没有太大的差别，这之间的差异就是因"念力"不同而产生的动力不同而已。

希拉里3岁时，被妈妈从一个小城市带到芝加哥这座大城市，起初邻里的孩子们不接纳她，她与大家玩不到一起，两次都灰溜溜地回到家中；当她第三次回家的时候，妈妈便堵在门口跟希拉里说："我的女儿不能够就这样回家！你要去用你的方法融入他们，今天不玩到一起就别回家吃饭！"结果被逼无奈的希拉里用尽浑身解数，真的跟那群孩子玩儿到了一块儿，她玩儿得很开心都不想回来吃饭了。所以家长应该给孩子一种什么样的教育呢？家长要给孩子引导方向，在关键时刻要以特殊的方式帮助孩子一下，让孩子在困境中慢慢体会并独立成长。

教育要从方法、程序上下功夫

家长要想真正教育好孩子，就必须要从方法、程序上下功夫

家长要想把孩子教育好，就要用到教育工具，《道德经》第二章中有这样一句话"处无为之事，行不言之教"。有效的精确教育最根本的是需要了解原理、学习方法、掌握工具。

了解学习过程很重要

了解和掌握学习的人、学习对象、学习过程的三要素原理对提高孩子的学习成绩十分必要。以前，学习过程是不能再现的，考试成绩是学习结果，而学习过程往往得不到观察。但现在，由于科技的发展，我们可以利用工具对学习过程进行记录并再现出来。比如，家长可以拿手机、录音机、照相机等工具把孩子做作业的整个过程记录下来，然后研究他的行为哪些是对的，哪些是错的，哪些是没有用的，根据情况进行分析指导，让孩子了解自己的学习过程，许多孩子通过看自己的学习过程后，马上也知道应该怎么做了。

最大的教育就是口头禅。教育中重复最多的就是你的口头禅，那就是你的念力。正向

念力的引导多了，孩子自然便能向正面发展。

正向念力引导对孩子的成长非常重要，全国的家长对小学孩子回家的口头禅基本都是功利性的负向问法，比如问孩子"今天有没有听话？""做完作业没？""有没有搞小动作？""老师表扬你了吗？"等，这些问题都是负面的念力。家长可以尝试着从今天开始，先问问孩子的心情"今天高兴吗？""有什么好玩的？"等正向念力问题，这些积极的问题会给孩子一个正向激发，让他感受到更多的关爱与乐趣，在快乐的家庭气氛中学习。

除此之外，我们家长还要为孩子提供"读好书、交高人、长见识"的环境，从小给孩子灌输和培养正确的思维方式与行为能力。

> 最大的教育就是口头禅。教育中重复最多的就是你的口头禅，那就是你的念力。正向念力的引导多了，孩子自然便能向正面发展。

沟通需要讲技巧

家庭冲突、亲子之间的冲突都需要通过沟通来解决。为解决冲突的通用原理就是"时间延后、空间分割、公平交换"。

不管是大人还是小孩间的沟通冲突，都需要双方当下不说话将时间延后，换一个独立空间，个人独处一段时间，找到公平交换的标的物等才能避免冲突，有效解决问题。比如，夫妻吵架，先出去散散心，睡一觉，第二天你回忆起来或许觉得前一天其实也没什么好吵的，吵架真不值，矛盾可能就这样化解了。如果大家都不冷静，坚持面对面地僵持，可能情绪失控达不到解决问题的目的，还可能会发生恶性事件。所以，家长应该尽力避免当下教育，教育要滞后，做好情绪管理工作非常重要。 时间滞后，你会发现自己情绪化的力度小了很多。空间分割，你可以让自己冷静下来，这是化解冲突的一种技巧。

通过手机短信沟通交流

利用手机做非语言教育非常有效，大家不妨一试。 现在，我们可以通过手机给家人发一个短信，说自己的不是，找家人的好处，看看家人有什么反应。

发短信要包括三个部分。

第一是找好处。比如："老公，其实你挺好的。""老婆，其实你挺辛苦的。"

第二是认不是。"就我这脾气，你跟我过了这么多年真的挺不容易的。""就我这个性格，你还一直让着我，真是谢谢你了。"

第三是提希望。讲个人具体目标，自己为家庭做的一件细小的行为事情，以及应该感谢家人的具体事情；不要只客气地说"谢谢"，应说清楚你要谢什么，如"谢谢你给我倒水、做饭、洗衣服。""谢谢你给妈妈削了一个苹果"等。有了这样一条短信，将平时不好意思对家人说出口的好话说出来，与家人沟通的许多问题也就好解决了。

通过写纸条来沟通交流

请拿出一张纸，将家人的优、缺点列出来，列自己的，列孩子的，也可以列配偶的。分成A、B两栏，A栏写优点，B栏写缺点，分别写出5个。列出来后，大家相互交流。你就会发现自己认为的跟别人认为的有很大差异。比如，有的丈夫写老婆的优点，觉得老婆操持家务很辛苦，但他从来说不出口；还有很多儿子说爸妈不容易，但他平时就是说不出来，只能写出来。写完后交换，很多妈妈说："以前一直认为孩子心太冷，现在看来我这个儿子还有点良心。"其实一家人没有什么大问题是解决不了的，大部分是沟通不畅的误解造成的。

沟通中的"你我他"称谓原则

沟通中，如果掌握"你""我""他"的沟通功能与感受效应是非常受益的。

用"你"开头的沟通往往效果不好，因为"你"的称谓实际上是进攻语言，就和刀、枪、剑一样。而以说"我"开头的时候，这是中性语言，大家就会比较关心在意你，注意力会集中在你身上。"他"则经常会出现在大家闲聊的时候，所以大家要学会说这样一句话："我想……可以吗？"这是一种尊重习惯，也是一种沟通技巧。跟孩子、跟亲人说话时，学会这个原则、这个句型，这样你身边的矛盾就会少很多。

试试定份《家庭公约》

家庭需要有约定，家庭需要有游戏，沟通需要有工具。家庭沟通不能仅用语言，还需掌握非语言交流工具，《家庭公约》是不言之教的有效工具。在我国许多孩子早晨不起

12堂家教课　培养孩子幸福力

床，让家长叫早是普遍现象。在小学生中，差不多有60%～70%都是要让家长叫早的。如何让孩子自己起床？我们在一所小学做了一个"家校区协同教育"实验。这个实验很特别，我们按田字格的四个象限运行培训，分别给老师、家长、孩子、社工培训，然后一起做《家庭公约》，让四者目标一致、步调一致。这样才能达到真正的效果，起到作用。三次培训以后，我们一起玩游戏，第四次社工培训才行动。我们跟老师强调，孩子不起床上学迟到是成人不成熟现象造成的，学校要配合家长的不叫早约定行为，这几个一年级实验班的孩子，在实验周中家长一定不要再叫早，如果迟到了，学校老师无论如何都不要批评他们，给孩子自己体验的机会。

> 要让孩子成长，就要放手，让他体验并知道行为的后果。家长天天催起床，孩子是没迟到，但他也不知道迟到的后果。

要让孩子成长，就要放手，让他体验并知道行为的后果。 家长天天催起床，孩子是没迟到，但他也不知道迟到的后果。所以家长们要用家庭公约告诉孩子需要自己起床，如果迟到需要自己负责。家长放手让孩子自然起床，先跟孩子讲清楚这是他自己的事，接着签订《家庭公约》。让孩子知道自己需要承担的具体责任有哪些。一些孩子迟到后，回家闹，家长拿出这份《家庭公约》，白纸黑字写清楚每个人的签名，孩子立刻便知道自己理亏，很快就不闹了。孩子懂事了，从下一次就开始自己起床了，再也不用父母叫早，懂得这是自己的责任。

在实验中有个小女孩第一天迟到了，老师没有说她，但她自己羞得脸都红了，回家跟父母闹，父母拿出了《家庭公约》，她立刻就不闹了，家长说从来就没有这么灵过。第二天6点不到，小女孩就开始敲门让爸爸给她做早饭，晚上回家兴奋地说，她是第二个到学校的，还说班里谁迟到了。第三天孩子自己起来煮了方便面，打了鸡蛋，还留了张便条，上面写着："爸、妈，我吃过早饭了，我先走了，你们吃饭吧。"父母非常感慨，给孩子成长空间，放手往往更能成就孩子，事情往往更加简单！

> 家长应该了解"经验不可替代，过程不能超越"的人生规律，孩子的独立成长是非常必要的，如果家长不放手，孩子便不能独立成长，剥夺孩子自己经历事情的权利，那孩子就没办法长大。

家长应该了解"经验不可替代，过程不能超越"的人生规律，孩子的独立成长是非常必要的，如果家长不放手，孩子便不能独立成长，剥夺孩子自己经历事情的权利，那孩子就没办法长大。我们给孩子什么样的教育，就会收获什么样的未来。

> **我想对家长说**
>
> 　　家长需要成熟教育，改变思维模式，了解沟通规律，掌握教育工具便可将教育变得更轻松。沟通是一门艺术，学会沟通的艺术，培养孩子会有事半功倍的效果。

随堂笔记

写下随堂笔记，留给20年后的孩子，留下成长的印记

第4章

家庭是孩子人生第一个课堂，家长是孩子们的第一任老师。生活本身就是一种教育，家长的言行无时无刻不在影响着孩子的思维和习惯。家长要积极配合学校，给孩子一个良好的家庭氛围；构建健康型家庭，让孩子在快乐幸福的环境下，自觉地养成良好的学习、生活习惯，并深深感受到来自家庭的温暖与无限正能量。

营造绿色
健康型家庭

第九堂课	和谐家庭教育的构建	闵乐夫
第十堂课	家庭教育面对严峻挑战，需要父母率先自我改变	周永琴
第十一堂课	创设良好的家庭环境	梁雅珠
第十二堂课	家庭教育中让成长与幸福同行	程淮

第九堂课
和谐家庭教育的构建

授课专家

闵乐夫

北京教科院家庭教育研究与指导中心原主任，北京市家庭教育研究会专家指导委员会成员，知名家庭教育专家和青春期性教育专家。《北京晚报》家庭教育专栏撰稿人，多次在电视台、广播电台开设专栏，担任嘉宾宣传家庭教育。

精彩观点

● 不论男孩、女孩，他必须自己安排自己的生活，因为人生的道路需要他自己来走，家长只能照顾他们一时，不能照顾他们一生。在教育孩子的问题上，有一条原则就是：自己的事自己做，尽量不给家长添麻烦。

● 结果导向是目前家长的通病。很多家长其实并不知道，关注学习能力的培养，关注学习的过程，远比关注结果更有效。

● 要成为一名好家长，先要成为一个善于倾听的人，一个支持提问的人，一个共同探究的人，而不是百问不倒的人。

● 孩子的探究精神需要保护，家长要像保护孩子的眼睛一样保护孩子的好奇心。

孩子的诞生，为一个家庭带来了幸福的因子。孩子刚降临时，父母都会暗下决心，将来要给孩子更幸福的家庭环境，希望孩子能健康成长、有所作为。促进孩子成才的家庭环境往往都有一个重要的标志，就是和谐。而构建和谐家庭教育环境与生活、饮食、学习、心理和交往这五大方面密不可分。

生活需要独立
给孩子一个独立的空间

孩子独立自主能力的培养对他的成长至关重要。在家庭条件较为宽裕的情况下，孩子最好有自己的房间、自己的床、自己的书桌等生活独立空间。这不仅是物质条件的问题，这种单独的生存空间对培育孩子独立的个性及锻炼孩子自主自理的能力都有极大的帮助。

幼儿期的孩子特别愿意跟父母一起睡，因为父母可以经常抚摸他，防止孩子皮肤饥饿。但当孩子已经6岁了，家长就要让孩子慢慢学着自己一个人睡觉。因为孩子应该有自己独立的时间，他要学会自己盖好被子，养成自己的事自己做的意识。

孩子刚开始独处一室的时候，会产生怕黑的情况。这时，家长要慢慢来，讲究策略方法，逐步引导孩子适应这种环境。家长可以先不关灯，等孩子睡着了再关灯。如果孩子还没有入睡，那就坐在孩子旁边，轻声地给孩子讲一个温馨的睡前小故事，帮助孩子慢慢入睡，然后家长再悄悄地走开。时间长了，孩子就会适应一个人睡觉了。

无论男孩、女孩，都必须自己安排自己的生活，因为人生的道路需要他自己来走，大人只能照顾他们一时，不能照顾他们一生。

所以家长要为孩子准备单独的书桌和书架，一是为了在家中营造一种崇尚知识的氛围；二是孩子有了自己的书桌、书架以后，要让他在生活中养成安排、管理独立空间的好习惯。

接送孩子有学问

学校门口经常出现交通拥堵的情况，除此之外我们还可以看到一个这样的景象：到了放学的时间，校园外总是围着很多家长，其中还有不少白发苍苍的爷爷奶奶。一看见孩子，爷爷奶奶赶紧把孩子的书包背在自己身上，乐滋滋地牵着骄傲的"小王子""小公主"回家了。

孩子年幼时，家长接送是有必要的。 在这个过程中，家长要注重细节，因为接送孩子也是有学问的。家长在考虑安全问题的时候，不能以终日为孩子保驾护航为目标。而是在每次接送孩子的时候，都要对孩子进行必要的引导。

比如：让孩子多看看各种交通标志，红灯、绿灯、斑马线……等孩子长大了一点，熟悉了这些标志以后，可以把他送到马路边，看着他过马路。这些必要的引导，也是锻炼孩子处理事情的能力。

在教育孩子的问题上，有一条原则：自己的事自己做，尽量不给大人添麻烦。 现在学生的学习负担重，书包有十几斤重，家长们怕影响孩子的骨骼发育、健康成长。于是常常看见很多家长的肩上背着孩子的书包。对此，我们要强调的一个概念：读书是孩子自己的事，自己的事就应该自己负责。书包一定要让孩子自己背，如果确实太沉，家长可以拿最重的东西。哪怕是一只空书包，也要让孩子背着，这样做正是为了让孩子养成自己的事自己做的独立意识。

科学饮食更健康

谈到饮食问题，有的家长可能会说，当今社会哪个家庭舍不得给孩子吃？但是，吃的贵并不代表吃得好，肯花钱不一定会吃得科学、健康、有营养。如何让孩子有一个良好的饮食习惯呢？

科学搭配三餐

我曾经看到过有些孩子小脸红扑扑的，长得白白胖胖，可体质却很差。其实，胖墩儿型的孩子和豆芽型的孩子一样，都属于缺少营养。家长要让孩子吃得科学，孩子才能够摄取足够的营养。科学搭配的标准就是食物的营养要全面。饮食应该荤素搭配合理，既要有肉、蛋、奶，也要有瓜、果、蔬菜；既要有大米、白面，也要有五谷杂粮，做到营养全面、酸碱平衡。我们应该让孩子科学地吃好三餐，少喝饮料。

不要忽视早餐

俗话说："早饭要吃好，午饭要吃饱，晚饭要吃少。"早餐对孩子来说特别重要！学习是繁重的脑力劳动，大脑活动需要足够的能量和营养。缺乏早餐营养的学生，会出现反应迟钝、精力不足等保护性抑制。所以，早餐吃得好坏，对学生的健康有着直接的影响。孩子的早餐如何吃得更科学营养，是值得家长研究的一个重要问题。

少吃零食多运动

孩子不爱吃饭是很多父母头疼的问题。孩子之所以吃饭不香，主要有两个原因：第一，饭前吃了过多的小零食。我发现有的孩子一回家之后，就开始吃冰淇淋、雪糕，过不了一会儿，又去找虾条、薯片等油炸的膨化食品。各种小零食在饭前已经把小肚子填得满满的，等到正式吃晚餐时就什么都吃不下了。第二，白天运动量不够。所以养成健康的饮食习惯，就是让孩子饭前少吃零食，课余时间要适当地运动。

白开水是最好的饮品

在确保孩子吃好三餐之外，家长还会关注孩子应该喝什么？最科学的答案是白开水。曾经有一位家长很骄傲地跟我炫耀，我们孩子从小就没有喝过白开水！显然，他没有意识到，让孩子喝各种罐装饮料是特别愚蠢的消费观念。

学习重在能力的培养

培养能力而非灌输知识

家长应该明确，知识和能力是两个概念。在学习的过程中，家长要注重培养孩子的观察能力、记忆能力、思维能力和语言能力。

孩子获取外部信息，80%是通过眼睛，培养孩子观察能力对他以后的发展有很大影响。观察力是智力活动的窗口。当孩子观察事物时，应该是稳定的、有顺序的、准确的、伴随着理解的。根据多年研究结果表明，孩子写错别字，就是因为在小学期间，第一次遇到某个生字，对字形的观察不准确。如果孩子的观察能力强，写字时就能准确而明确地知道：这个字是草字头还是竹字头，是木字偏旁还是提手偏旁等。那么，书写时就不容易出现笔误了。

记忆力则是智力活动的仓库。科学表明，6岁孩子大脑发育和成年人相差无几，包括脑的体积、重量、表面积、沟回等，沟回上密布的脑神经细胞也已经完全长成。孩子记忆力良好主要体现在四个方面：记得多，记得快，记得准，记得牢。在记忆过程中，家长有意识地让孩子做到眼到、手到、口到、耳到，心也到，孩子的记忆力就会在实践中逐步发展。

思维是智力活动的核心，孩子是否聪明，思维是很重要的因素。孩子要通过思维接受老师所讲的知识，还要靠思维再把这些知识转化为解决问题、分析问题的能力，这个先内化后外化的过程，靠的就是大脑的思维。开阔、深刻、流畅、变通、独创是优良思维的五性。家长应该根据思维的特性，在日常生活中训练孩

语言是思维的外衣，语言流畅反映了思维流畅。好的语言应该是连贯、完整、没有语病的。培养孩子的语言能力，家长要先让孩子会听，让孩子爱说，然后发展到会说。

孩子人生更像是一场马拉松式长跑。我们就不应该逼迫一个5岁孩子去学7岁孩子的功课，去剥夺他的学习兴趣，摧毁他的自信心。

孩子需要有一个自己的专属书架，让他们可以读到更多自己喜欢的课外书。孩子表现好的时候，我推崇奖励孩子的办法就是送他一本他喜欢的书。

子的思维能力。

语言能力不仅体现在要会说，更重要的是要先学会听。听，是语言信息的输入。说，是语言信息的输出。

语言是思维的外衣，语言流畅反映了思维流畅。好的语言应该是连贯、完整、没有语病的。培养孩子的语言能力，家长要先让孩子会听，让孩子爱说，然后发展到会说。

无论家长有多忙，都应该给孩子说的机会，并尽力表现出对孩子说的每一个话题都很感兴趣。

此外，他读一本名著就是接触了一个名人，接触了一个智者，和最有智慧的人对话，孩子的精神世界会非常丰富。家长也可以利用节假日、休息日跟孩子一块儿出去逛逛，参观博物馆、名人故居，到音乐厅、影院去，这些活动也可以帮助孩子积累知识，开阔眼界，提高孩子的综合能力。

孩子可以输在起跑线上

体育运动竞赛是有起跑线的。在短跑当中，起跑的0.01秒都很关键。孩子人生更像是一场马拉松式长跑。理解了这个问题，我们就不应该逼迫一个5岁孩子去学7岁孩子的功课，去剥夺他的学习兴趣，摧毁他的自信心，让他有可能一辈子厌倦学习。

孩子需要有一个自己的专属书架，让他们可以读到更多自己喜欢的课外书。孩子表现好的时候，我推崇奖励孩子的办法就是送他一本他喜欢的书。陪伴孩子一起读书，也是最温馨的亲子活动，还可以鼓励孩子养成良好的阅读习惯。

孩子成长的空间有竞争，有输赢，但是也有合作，有分享。不必让孩子事事第一、时时第一、门门第一，那样孩子生活得会很辛苦。如果孩子能全面、均衡地发展，并拥有自己的兴趣爱好，就已经很好了，我们要知道，成长的过程远比结果更重要。

结果导向是家长的通病。很多家长其实并不知道，关注学习能力的培养，关注学习的过程，远比关注结果更有效。在孩子的教育问题上，我们不要过分看重一次考试的分数，更应关注孩子学习过程中的一些细节。例如，孩子爱学校吗？听课认真吗？敢举手回答问题吗？

成功与兴趣也是众多家长关注的热点问题。家长要认识到，每个孩子都是世界上独一无二的个体，孩子与孩子是有差异的。我们要承认差异，尊重差异。

家长应该依据自己孩子的能力，和孩子共同商议、确定他认可的学习目标和成才方向。

每个孩子都不一样，有的是运动型，有的是艺术型，有的是思维型，有的是操作型；有的偏向文科，有的偏向理科；有的成才早些，有的大器晚成。

这需要家长仔细观察。家长要为孩子确立学习目标和成才方向，但切记不要操之过急！

为了培养孩子的兴趣，发掘潜能，很多家长为孩子报了兴趣班。在这个问题上，我有几个建议：第一，小学一年级最好不参加兴趣班，先让他熟悉校园学习；第二，小学六年级、初中三年级和高中三年级最好不参加兴趣班，可集中精力完成学段的结业；第三，选择兴趣班必须尊重孩子的主观愿望，家长不要用自己的意志代替孩子作选择；第四，孩子小，没常性是自然规律，家长要允许孩子尝试多个兴趣班，然后选择一个他最感兴趣的，并鼓励监督他坚持下去。

> 要成为一名好家长，先要成为一个善于倾听的人，一个支持提问的人，一个共同探究的人，而不是百问不倒的人。

关注孩子心理成长

孩子的优点，往往是夸出来的

欣赏孩子就是夸孩子，这个很重要。夸孩子，尤其是当着众人夸孩子，能让孩子拥有一个自信的心态。

家长要有一双善于发现的眼睛。其实，每一个孩子都有长处。家长应该主动发掘孩子身上的优势，进行赞扬，一个好的自我感觉是培养孩子自信心的基石。孩子觉得自己漂亮聪明，很可爱，招人喜欢，有这种主观认知，就会主动、自信地和人交往。有的孩子怕见生人，见了面不爱叫人，除了胆小之外，往往自我评价偏低，怕别人不喜欢。这时有的家长会很生气，会严厉地批评孩子。这种方法只能让孩子越发不爱叫人，更自闭。但如果家长说："我们小家伙嘴甜着呢，特别爱叫人。"这就是一种心理暗示，孩子认为得到了家长积极的评价，他会觉得"我原来是个嘴甜的孩子"，慢慢地，嘴巴就真甜了。夸奖带来的激励效果对年纪小的孩子特别有效果。

> 孩子的探究精神需要保护，家长要像保护孩子的眼睛一样保护孩子的好奇心。

当然批评也是需要的。但批评也要讲究方式和方法。第一，家长批评孩子，要有真凭实据，不能捕风捉影"似乎好像大概是"，这不行！不要委屈了孩子。第二，家长表扬孩子可以当众，批评孩子则最好私下，保护孩子的自尊心。第三，孩子是成长中的人，孩子犯错误甚至是一种权利，但要让孩子有一种意识，犯了错误后，承认错误改正错误就是好孩子。

对于孩子的一些不良品德，家长要予以严肃对待！抓住第一次，不能让孩子再犯同样的错误。例如，第一次撒谎，第一次私自拿家里的钱，第一次涂改分数，第一次10点半不回家……因为这些涉及的不仅是行为问题，而且是品质问题。家规中，诚实、正直等是做人的底线，绝对不能突破。

别扼杀未来的爱迪生

要成为一名好家长，先要成为一个善于倾听的人，一个支持提问的人，一个共同探究的人，而不是百问不倒的人。孩子对周围的一切事物感到好奇，提出各种问题，这是孩子的天性，也说明孩子聪明，思维开阔，有求知欲望。

小孩子特别爱问问题，妈妈刚下班回来，孩子就有一大堆千奇百怪的问题等着呢。这时，家长应该感到高兴，千万不要嫌麻烦。家长需要调动所有的知识储备，尽可能地找出最接近真理的答案来回答。如果暂时不能给出答案，家长也要及时去查书，请教别人。这不仅仅是家长给孩子答案的过程，更是带着孩子一起寻找解决问题方法的过程。

孩子的探究精神需要保护，家长要像保护孩子的眼睛一样保护孩子的好奇心。孩子可能问："星星为什么总眨眼睛？小金鱼在水里怎么睡觉？"家长可能心烦，气急败坏地说："你看我手里多少活？菜还没洗，你爸一会儿就回来！你把语文、数学学好就行了！星星爱眨眼睛碍着你什么啊？小金鱼怎么了？你把功课学好比什么都强！"这样的态度，很可能就会就在不经意中，扼杀了一位未来的爱迪生。

有时，五六岁的孩子会问一些让父母尴尬的问题。比如孩子会问："妈妈，我是怎么来的？"这时，不要用"你是从医院抱来的""小狗叼来的"等类似的话搪塞孩子。孩子小的时候，家长糊弄他，也许有一天，就会在生活中因为这句话引起不必要的误会，这时您再给他解释，就更麻烦了。所以一旦孩子问这个问题，妈妈一定要抓住这个难得契机，把他搂在怀里，很认真地跟他说："你是妈妈生的。妈妈经过10月怀胎的辛苦，在你生日那天把你带到人间的！"

千万不要对孩子说谎

在教育孩子的问题上，家长应该做到言传身教。特别是到了小学高年级，家长要从自身做起，因为身教比言教更重要。孩子不但要看你怎么说，更要看你怎么做。所以家长一定要言行一致，说到做到。假如您许诺孩子，如果他考试成绩好，周六带他去动物园玩。那么成绩合格了，周六就一定要兑现诺言，即使天气不好，也要做到言而有信。

交往是认知社会的窗口
不要让孩子变成"独行侠"

如何与人交往是孩子成长过程中的一门必修课，也是构筑孩子健康成长、和谐生活环境的一个重要方面。和谐的人际交往，能够让孩子学会分享的精神，学会和父母长辈之间互递爱心、互相尊重。

现在，很多孩子都住在钢筋水泥的楼群里，邻居间交流很少，孩子的人际交流更少。现代居住方式妨碍了孩子们的人际交往，限制了孩子的视野。因此，家长一定要创设条件让孩子多交朋友，别让孩子成为一只孤雁，独来独往。孩子一定要有小伙伴，独行侠在这个社会是行不通的。

兴趣班在帮助孩子拓展人际交往方面也有很大的帮助。选择兴趣班除了让孩子学一两门技能，培养一种爱好，陶冶性情，增加美感以外，还能帮助孩子尽快地进入新的群体，获得交往的机会。这个群体很可能也是孩子长大以后的人际网络。

在交往的过程中也要提醒孩子注意安全。

1.家长一定要教小朋友记住自己的家庭电话、爸爸妈妈的工作电话和爷爷奶奶的住址，这些都可以用来应对孩子走失的紧急情况。

2.要教孩子认识货币，认识阿拉伯数字1、2、3、4、5和汉字壹、贰、叁、肆、伍。

3.要培养孩子方向感，辨别东、西、南、北方位，学会认路。

我想对家长说

如果孩子生活在批评中，他便学会谴责。

如果孩子生活在敌视中，他便学会好斗。

如果孩子生活在恐惧中，他便忧心忡忡。

如果孩子生活在鼓励中，他便学会自信。

如果孩子生活在友爱中，他便学会去爱别人。

如果孩子生活在安全中，他便相信自己，也相信周围人。

如果孩子生活在和谐中，他便能全面发展，和谐成长。

第十堂课
家庭教育面对严峻挑战，需要父母率先自我改变

授课专家

周永琴

中国社会科学院文学研究所人文学者，北京市家庭教育研究会理事。首届"全国教子有方十佳"母亲，2007年感动（北京）东城人物——在代沟上架桥的人，中国民主同盟中央委员会妇委会委员，首都师范大学女性文化研究中心客座研究员，中国婚姻家庭研究会理事，北京市婚姻家庭研究会秘书长。

精彩观点

● 学校教育是孩子人生的一个阶段，而家庭教育是伴随孩子一生的。

● 家庭教育是帮助孩子从自然人成长为社会人，适应这个社会的发展，推动这个社会的进步。这才是家庭教育的首要任务。

● 我们正处在一个急剧变迁的社会环境中，父母和孩子要相约共同成长，一起来面对社会生活中出现的各种现实问题。

● 西方哲人认为，养育孩子应该是爱的教育，而方法就是榜样。家庭教育因此变得很简单，就是爱的教育和榜样的力量。

● 青春期是家庭教育的最后一个关键期，如果没有抓住这个时机，以后就很难再找到这样的机会了。

第4章 营造绿色健康型家庭

中国父母谁不盼望自己的儿女长大以后能建功立业、成龙成凤？中国儿女都希望自己长大以后可以顶天立地、成名成家。21世纪中国的家庭教育是什么状态，家长又该如何面对时代给家庭教育带来的严峻挑战呢？

走进孩子的内心

了解孩子是教育孩子的基础。 不同年龄段的孩子有各自不同的特点，父母先要了解自己孩子的特点，再进行有的放矢的教育。

当下有很多苦不堪言的父母，不明白为什么孩子会变成这样——过分追求享受，穿的要名牌，吃的要大餐，赶的是时尚，追的是偶像，玩的讲究品位，对网络电游上瘾。年龄越是往上长，成绩越是往下降，你一批评他就烦。轻者双手捂耳，重者出言顶撞，甚者离家出走，不惜以死相拼。为什么中国的未成年人会呈现出这样的状态？这为家庭教育敲响了警钟。

在一次亲子沟通交流的活动上，主办方鼓励孩子通过写信的方式将自己的心里话说

115

给父母听。其中的三封信，让我们看到了孩子真实的内心世界。家长要了解孩子，不能只做表面功夫。只有走进孩子的内心，才能真正体会他们想要的生活；同时，也能看到他们心里积压的问题。只有深入地了解孩子，才能够更好地教育孩子。

妈妈：您好！咱们这个家是家吗？这个家没有让我感到一点温馨，这个家就像魔鬼。我在家里没有选择的权利，没有商量，只有命令、执行。如果不执行，你们就说我不守时、不勤劳、不孝顺、不聪明、不好看……它们就像一把把尖刀扎向我的自尊！咱们这个家是家吗？这个家吞没了我的一个个计划，让我变得没有主见，这才是你们所谓的傻！在家里没有真实，全是死要面子活受罪。妈妈，有时候我真想离开这个家。（一个10岁女孩写给妈妈的信）

如果你问我最想跟爸爸妈妈说什么，我会毫不犹豫地告诉你："我想当一个自由人，当一回大人。"如果可以许下生日愿望，我的愿望就是让我也当一回大人吧！因为大人有权、有钱，想干什么就可以干什么。最重要的是他们没有写不完的作业，而我在学校里有做不完的作业，回到家里爸爸妈妈还要给我布置作业。稍有一点问题，你们就要念"紧箍咒"。亲爱的爸爸妈妈，我已经12岁了，我已经长大了，可是你们仍然像对待幼儿园的小孩子一样对待我，就连我力所能及的事情也不让我干。亲爱的爸爸妈妈，请让我当一回自由人，当一个大人吧。（一个12岁6年级的孩子写给父母的信）

我是一个中学生了，可家长为什么总是重复已经说过几十遍甚至几百遍的道理呢？我真希望你们不要告诉我什么是好，什么是坏。我的天空和你们的不同，蓝天固然很好，但是有时候我更喜欢灰色，那多有内涵啊！对我们来说一切都是新鲜的，新鲜的就是最好的。我的最爱不是课堂和操场，而是亲身去闯荡社会，有丰富多彩的体验，那才是我最大的收获。你们也别再告诉我什么能做，什么不能做。我有我的原则，有很多事我也懂，其实我明白，那样风风火火也就是一阵子，过去了也就没事了。只有像这样全心全意地投入才是青春，才叫生活。跟你们说实话吧，我真羡慕那些敢迷游戏机、敢上网吧的人，因为那才是自由，才能感觉到自己就是自己，才不会被上课、作业、考试、升学、补课、特长班等这些乱七八糟的东西给压趴下。谁都不愿意听别人说自己的坏话，特别是不想被心里最爱的父母数落。现在的孩子都不愿意跟家长聊天，因为家长都不了解现在的青少年，说了也是白说。我想对你们说："不是我想学坏，是你们真的不明白。你们管得太多啦！"我知道你们会说都是为我好，可我也老大不小了，许多事都明白了，别老把我当孩子了，行吗？拜托！（一个14岁初二的孩子写给父母的信）

孩子是时代的晴雨表

不同年龄段孩子写的三封信，可以让我们看到孩子飞速的成长。那么，为什么孩子们都表现出强烈的自我意识，希望做一个独立的人呢？其实，这是儿童成长过程中必经的心理之路。我们可以从以下几个方面来分析。

时代影响孩子的个性表现，家庭教育尤为重要

孩子的成长依托于一个时代，每一个年代都会在孩子身上留下一些特有的属性。每个时代都会有自我、任性的孩子，但90后的自我会比80后的更直白。比如谈恋爱的时候，他们会无视老师和家长的引导，甚至大声顶撞，让老师们也多了几分尴尬、无奈。当然，90后的孩子们也有自己的优点，活泼、开朗、抗打击的能力很强，不会因为受到批评而耿耿于怀；有自主意识，自己认定的事情一定会坚持。

从事研究青少年犯罪的专家们更是不时地告诫众人：未成年人犯罪呈逐年上升的趋势，团伙犯罪，盗窃、抢劫犯罪，性犯罪是其主要特点。因此，中共中央和国务院在2004年初专门出台了8号文件，号召党政部门、社会各界和中小学校进一步加强和改善未成年人的思想道德建设工作。家庭教育作为孩子人生的第一所学校，中国父母作为孩子人生的第一位导师，更是责无旁贷，任重道远。

社会文化塑造孩子的精神风貌

凭借着数码科技日新月异的迅猛发展，手机、互联网媒体覆盖率的逐步提高，全球经

12堂家教课 培养孩子幸福力

济一体化的诉求，已经使世界变得越来越小，近在咫尺。改革开放以来，经济、政治、文化等方方面面都发生了变化，并且仍然在急剧地变迁。社会生活中各种正面、反面信息都过早地呈现在了孩子的面前。这让原本天真纯洁的孩子们失去了安全感，迅速浓缩了孩子的童年和少年时代，使他们被迫超速地成人化起来。它们让幼稚无助的孩子们，逃避到网络动漫的虚拟游戏世界中，去学习偷菜赚钱、买房置地，去演习发泄杀人、报仇雪恨。

前些年，曾经有市场调查公司对510名13～19岁的青少年进行问卷调查。调查结果如下图所示。

20.9% 的孩子经常为父母的离婚、职业稳定问题和自己的学习成绩、未来不确定性深感焦虑和忧郁。

69.8% 的孩子对很多社会问题感到困惑。

59.5% 的孩子认为现在社会上的人都是自私自利的。

58.1% 的孩子对父母、学校制定的规则，在心态和行为趋向上都有着强烈的抗拒倾向，而最普遍的做法就是表里不一。

> 家长只顾着关心孩子的学习成绩，却不经意间放弃了对孩子的情感教育、行为习惯的培养和青春期教育，尤其是性文明教育。

孩子们的表现印证了马克思的一句名言"社会存在决定思想意识"，也印证了思想支配行动这个常识，所以社会存在的现象，最终导致孩子们出现了各种各样的问题。

孩子们内心的焦虑和困惑，反映出他们内心的无所适从与彷徨。他们对现实社会这种偏激的基本看法与应对方法，会极为严重地影响他们世界观、人生观、价值观。而这一代人中的大多数人所共有的对待人生、社会的态度与价值取向，又会强有力地反作用于现实生活，从而形成一个恶性循环的怪圈，严重地干扰，甚至阻碍社会全面健康地发展。

不要忽略青少年的情感教育

青少年的早恋问题，是一个普遍存在的现象。中学生生理发育已经成熟，对两性关系既恐惧又好奇。家长只顾着关心孩子的学习成绩，却不经意间放弃了对孩子的情感教育、行为习惯的培养和青春期教育，尤其是性文明教育。因此，孩子们对友情、爱情的强烈渴望与学习的沉重压力形成了激烈冲突，这是孩子们最难以克服、最尖锐的一对矛盾冲突。

西方20世纪六七十年代出现的性革命、性解放思潮在80年代逐渐进入中国，在90年代中期我国出现了一个离婚的高潮，随后又出现了婚外情、婚外恋，以及80后的恐婚等问题。虽然这些情感问题是成人之间的事，但是一定会影响孩子的健康成长。因为所有婚姻的解体、家庭的解体，直接受害的是孩子，这不是成人的不幸，而是孩子的不幸。

积极应对孩子的三个自我中心期

孩子在成长中有三个自我中心期，这三个中心期也是教育孩子的关键时期。

3岁左右是孩子第一个自我中心期

这个时期的孩子，家庭教育重在引导。每位孩子都有无限的可能。这个时候对孩子进行引导、培养，效果是非常好的。

10岁左右是孩子第二个自我中心期

这个时期是培养孩子自律的关键期。孩子开始懂一些道理了，父母就不能依靠打骂来教育孩子，而是应该给孩子讲道理，并着力培养孩子自己管理自己的能力。孩子犯错了，父母应该告诉孩子，这样做为什么是错的，错在哪里，这样做的后果是什么。第一次孩子如果没做到，父母可以提醒；第二次还做不到，父母再教育；第三次如果还这样，父母可根据错误的大小，给孩子一点适当的处罚。

青春期是孩子第三个自我中心期

这个阶段，父母要和孩子平等地沟通和交流。青春期的提前教育可以在小学六年级的时候开始。女孩是在五年级下学期就陆续进入了青春期，而男孩相对会晚一年半左右的时间。一谈到青春期教育，大家总觉得就是性教育，而一些父母认为性教育就是教孩子认识生殖器和让他们知道生孩子是怎么回事，这是不正确的。全面的性教育应该包括性生理发育、性生理卫生、性心理健康（特别是两性关系中彼此尊重珍惜的纯洁友谊和美好感情的培养）和性道德、性行为规范（即个人的性行为要符合社会的要求）等几方面的教育。

在如何更好地与青春期孩子进行交流方面，给大家提两个建议。

1.尽量不要在家里和孩子沟通。很多父母在家里克制不住自己的情绪。所以，应该采取走出去的方式。父母和孩子一起散步，边走边沟通、交流，这样说话声音自然就会压下来。这个时候，沟通会有明显的效果。

2.用写纸条的方式给孩子留言。写纸条是家庭教育中一个非常好的方法。父母教育孩子，最主要的目的就是让孩子认识到缺点，并改正。所以，无论是用说，还是用写的方式，只要能达到目的，家长都可以多尝试一些方法。

有一次，我打算带着孩子跟几位台湾朋友去请一位老人家吃饭。可是，台湾朋友都到了，儿子还没回来。当时我很生气，就给他留了一张纸条："从小到大，我们就教你要懂礼貌，今天你这种不守时的行为是对人的不礼貌。我们等你，耽误了很多时间，现在我们不能再等你了，因为我们不愿成为不守信用的人。"第二天早上，我发现儿子也给我写了一张密密麻麻的纸条。内容详细解释了昨天缺席聚会的原因，说清了事情的经过，并态度诚恳地认错，也请我代他向长辈们表示歉意。我看完儿子的这张字条后，所有的气都消了。后来，当我们不能经常碰面时，我就和孩子通过留纸条、发短信、写邮件等方式互相沟通、交流。

家庭教育的三大优势：情感培养的优势，行为习惯养成的优势，青春期教育的优势。

帮助孩子，父母要迎难而上

家庭教育是救助孩子的第一道也是最后一道防线。家庭教育是为孩子的人生奠基，也是终生教育。当父母离开这个世界时，能够放心地把孩子留在这个世界上，这就是伟大的父母。

家庭教育和学校教育最大的区别就是它们的分工不同。学校教育重在传授科学知识，家庭教育重在育人。学校教育是孩子人生的一个阶段，而家庭教育是伴随孩子的一生的，由此可见，家庭教育对孩子的发展有着深远的影响。

家庭教育需要父母勇敢奋起应战，并率先改变自己。我们中国有一句古语："天助自助者。"那么，要想创造我们家庭的幸福、给孩子更好的家庭教育就得靠家长自己。

家庭教育正是帮助孩子从自然人成长为社会人，适应这个社会的发展，推动这个社会的进步，这才是家庭教育的首要任务。家庭教育是传承人类优秀文明最重要的场所、通道与途径。人类始终把孩子看作是父母和家庭的希望，看作是祖国的明天、人类的未来。因此，在帮助孩子时，家长作为孩子的第一任老师，一定要迎难而上。

父母要率先自我改变

老子的《道德经》里有这么一句话："圣人处无为之事,行不言之教。"父母是孩子的镜子，孩子是父母的影子。要改变孩子，父母首先要从我做起，从自己做起，从现在做起，率先自我改变。

首先我们要改变的是家庭教育的基本观念。以前，人们片面地认识家庭教育，认为家庭教育是父母对子女的单向教育。现在我们要提倡"教育者，先受教育"的理念，父母、子女同为家庭教育的对象，所以必须携手并肩，相约共同成长。今天，我们处在一个急剧变迁的社会环境中，父母和孩子要相约共同成长，一起来面对社会现实的问题。

家庭教育的三大优势

第一，情感培养的优势。西方人认为，养育孩子就是爱的教育，而方法就是榜样。所以，家庭教育很简单，就是爱的教育和榜样的力量。

第二，行为习惯养成的优势。行为决定习惯，习惯决定性格，性格决定命运。所以从行为习惯入手来培养孩子良好的性格和人格是非常重要的。

第三，青春期教育的优势。青春期是家庭教育最后一个关键期，如果没有抓住这个时机，以后就很难找到机会了。

教孩子做人是家庭教育的首要任务

做什么样的人，才会让孩子感到幸福、快乐呢？家长在教孩子做人方面，要抓住以下几个要点。

教孩子做一个文明礼貌、通情达理、身心健康的人

文明礼貌是行为习惯的养成，通情达理是情感教育，身心健康是心理素质的培养。文明礼貌教育在孩子学说话的时候就可以开始，从行为习惯入手培养孩子的文明礼貌非常重要。例如，父母可以教孩子早晨起床以后说："爸爸妈妈早上好。"如果和爷爷奶奶同住，可以让孩子先跟爷爷奶奶问好，然后再和爸爸妈妈问好。平时出门，见人要主动先问好；离开时要主动说再见；请求别人帮助，一定要用商量的口气；得到别人的帮助，要真心诚意地表示感谢。家庭是孩子的第一所学校，在3岁以前培养孩子讲文明懂礼貌的好习惯，这样他在幼儿园和学校才能和老师、同学更友好地相处。

有一次，一个朋友从四川带来了一篮子橘子。两岁的儿子看着这些橘子，垂涎三尺地说："爸爸妈妈，这个像红灯笼一样的橘子好可爱，我好想吃哦。"我告诉孩子，你可以吃，但是首先，要挑一个最大的给阿姨，谢谢她千里迢迢给我们送来橘子；其次，你要选三个橘子，最大的给爸爸，中间的给妈妈，小的留给自己。儿子问为什么，我就耐心地告诉他："因为爸爸个子最大，重活累活都是爸爸干，妈妈是第二大，你最小，在家里从来不干活。"然后儿子立刻照我说的做了。橘子分好后，其实我们没舍得吃，但是没有告诉孩子。当只剩下三个橘子的时候，孩子有了自己的想法，并央求我们能不能不吃剩下的橘子。然后我问："儿子，你以前每次吃东西就想到爸爸妈妈，你觉得这么做

> 父母不要对孩子的每一个理想都泼冷水，因为孩子的理想会随着对世界的认识和自身的认识不断地调整，父母应该尊重孩子的想法，这是非常重要的。

对不对？"他毫不犹豫地说："对。"那既然是对的事情，就要坚持。他想了想又问："那这次，我能不能吃最大的？"我把最后的选择权交给了孩子，但我告诉孩子一句话："东西越少的时候，首先想到爸爸妈妈、想到别人的孩子，才是真正有爱心的好孩子。"孩子犹豫了许久，最后我看着儿子眼睛里含着泪花，拿起最大的那个橘子递给爸爸时，那种舍不得的样子，实在是不忍心。当时觉得自己这样做对一个两岁的孩子，真有些残忍。但是，分橘子这件小事对儿子习惯的养成起到了深远的影响。

几天后，因为儿子便秘，医生让我们买一些香蕉给他吃。结果香蕉买回去后，儿子自觉地就跑去分香蕉。孩子已经在潜移默化的行为中，养成了懂礼貌、通情达理这些好的习惯。

日后，孩子也会渐渐地学着克制自己，学着谦让，在他看来，这就是美德。儿子就是在这样慢慢的学习与领会中逐渐长大的。从这些小事中，我也感受到了从情感教育入手去教育孩子的甜头。

儿子过16岁生日的时候，对我们说了一番话。他说："爸爸妈妈，今天虽然是我的生日，但是我首先要感谢你们。因为我比别的孩子贪玩、淘气，所以你们为了培养我，比别的父母付出了更多的心血，所以我要谢谢你们。"说完给我们深深地鞠了一躬。在成长的过程中，细节的教育，点滴的培育，让孩子学会了感谢，心理和感情上都逐渐走向成熟。

父母对待老人的方式也会直接潜移默化地影响孩子。 家长是孩子的榜样，家长孝顺父母，孩子也会在生活的一点一滴中体会着爱和关怀。这些生活中的细节就是我们讲的情感教育，它会影响孩子的一生。

教孩子做一个积极进取、充满理想、有自信心的人

每个孩子都会有很多的理想。 父母不要对孩子的每一个理想都泼冷水，因为孩子的理想会随着对世界的认识和自身的认识不断地调整，父母应该尊重孩子的想法，这是非常重要的。同时，父母还要给孩子正确的指导。

儿子的第一个理想来源于一本叫《数学王冠上的一颗明珠——华罗庚》的小人书。我们深知，阅读对人的影响非常巨大。孩子阅读时看到的是字，脑子里会把字变成图像，然后会让图像动起来，这有助于孩子思维能力的发展。儿子看完这本书之后，第一个理想就是当华罗庚第二。我们鼓励他说："你想当数学家很好，数学是所有自然科学的基础，如果你真正热爱数学，那么就要充分利用时间，比别的同学多学一点。"在儿子眼里，做数学题就是一种智力游戏。因为他数学基础特别好，到了初中以后，他的物理、化学也非常好。

儿子的第二个理想就是要当外交官。听说儿子有这样的理想时，我们也没有讽刺挖苦他，而是说："要想当外交官，你就必须要关注国际国内大事。尤其是国际上一个很小的

摩擦，都有可能会引起国家之间的争端。"后来，每天晚上他都会看新闻联播，关注一下国际国内大事。当孟加拉国发生政变，总统被关押，儿子听闻这件事后，急得像热锅上的蚂蚁，为孟加拉国的政局担忧。于是，我让他给大使馆写封信问问。没想到，儿子真的写了一封信给大使馆，信中的言辞用的全是外交辞令。这件事令我啼笑皆非，同时也让我深深地感觉到，父母的正确引导对孩子的影响是多么重要。

居里夫人说过，自信心是一个人成人和成才必须具备的心理素质。自信心是在不断的成功当中建立起来的。孩子体会到了很多成功的喜悦之后，自信心自然就会越来越强。父母不要总是挑孩子的毛病，这样很难让孩子建立足够的自信。对待年幼的孩子，尤其是8岁以前的孩子，父母一定要多鼓励他，尽量少用负面言语评论孩子。孩子取得的每一点成绩，对他来讲都是珍贵的。家长不要用自己几十年获得的人生经验去要求一个几岁大的孩子。有些事情对我们大人来说很简单，但是对孩子来讲却是很艰难的。父母应该多鼓励孩子，让孩子有了成功的感觉，自信心就能慢慢建立起来了。

教孩子做一个热爱生活、热爱生命，对自己、对家庭、对社会负责的人

常有人感叹说，人和人之间都是逢场作戏，没有任何的感情。这对孩子也是一个误导。在孩子青春期的时候，我们就要告诉他热爱生活、热爱生命，要让孩子知道，无论发生什么事情，都要珍惜生命。

我的儿子随中国文化代表团出国访问时，天天排练节目，把嗓子喊疼了。结果正好学校生理卫生课讲白喉病，说得了白喉会死。儿子认定自己得了白喉，要我们带他去医院看。医生看后哈哈大笑，明确地告诉他没有得白喉这种病，他这才放心。回到家后，我们表扬他说："你热爱生命是对的。"今后，你要是觉得哪儿不舒服，也要及时去医院检查。

在平时的生活中，我们就要教育孩子热爱生活、热爱生命，然后对自己、对家庭、对社会负责。教育孩子对自己负责、对家庭负责，父母可以从日常的一些小事开始训练。比如让孩子从小就自己收拾书包。儿子上小学三年级时，我们就让他学习饭后刷碗。无论是在家里还是在外面，孩子都已经养成了良好的生活习惯。现在，即使儿子不在家里吃饭，回到家他也会帮我们洗碗，他说，这是他的责任。

教孩子做一个有独立思考能力的人

逐渐提高孩子的分辨、判断、选择能力，让孩子学会独立思考，这比学习成绩更重要，因为这些关系到孩子的一生。在家庭教育中，父母总是希望自己的孩子听话。然而，一个只会听话的孩子，他的独立思考能力也是有限的。我们要让孩子理解为什么要听话，所以，父母教育孩子最好的方式是用提问的方式。比如你可以问孩子："你知道妈妈为什么要求你这么做吗？"他回答不上来时，你再告诉他，这样他就有兴趣听了。

父母跟孩子之间有三种关系。

第 1 种
父母一厢情愿

第 2 种
父母问孩子
孩子能回答

第 3 种
父母懂孩子
孩子懂父母

如果父母和孩子之间的关系能保持在第二种或者第三种，那么这样的家庭教育就是非常成功的。只有在这一问一答当中，孩子的独立思考能力、分辨能力、判断能力、选择能力才能培养起来。

全面培养孩子的综合素质，让孩子均衡发展

大家都知道"短板理论"。如果孩子在某个主要方面缺少一大块，那么他的整个发展都会受影响。孩子的发展主要包括德、智、体、美、劳这五个方面，要让五方面均衡发

展，不能出现短板。

在儿子读北大的第一个学期结束后，我发现他的学习成绩不太理想。我说："儿子，你转学吧。"他问："转到哪里？"我说："转到体育大学啊。这一个学期以来，五大球的比赛你全都参加了，除了乒乓球被淘汰了，其他几项比赛你都进入了前三。"儿子听了我的话，明白了我的意思。孩子也开始注意，努力地平衡发展各个学科。

培养孩子的自制、自律意识，做一个遵纪守法的人

有一次，我在做完关于家庭教育的讲座后，一位老先生使劲鼓励我说："无论有多大的困难，你一定要把你现在做的青少年教育的工作坚持下去，社会太需要了，而且太多的孩子和父母会因为你的帮助少吃很多亏。"这位老先生和他夫人都是知识分子，为了事业，他们很晚才结婚，40多岁才生了孩子。他们的儿子比较内向，朋友不太多。在他初二的时候，他在街上遇到了一个相处较好的小学同学。然后那个小学同学请他到麦当劳吃了一顿。后来，他就开始攒钱，也想请那个同学吃一顿。结果那个小学同学对他说："你真傻，你以为那钱是我爸妈给的啊，那是我自己挣的。你去把那个灭火器拿过来，我给你20块钱。"他当时觉得跟闹着玩一样，结果他第二次跟同学去偷灭火器的时候，就被警察抓住了，依法受到了处罚。孩子的人生还没有开始，就蒙上了这样的阴影。

现在的社会之所以出现这么多问题，就是因为中国文化以前没有"法治"这个概念。目前，我国的法制还不健全，有些人有法不依，讲人情，走关系，权力至上的观念仍然存在。但是随着社会的发展，法制会越来越健全。所以，父母一定要培养孩子的法制意识，父母自己也一定要完善法制知识。

第 4 章　营造绿色健康型家庭

我想对家长说

衷心希望每一个孩子都能在父母的精心培育下健康地成长。父母要和孩子共同成长，家庭教育重在育人。作为孩子的第一所学校，家长要把新的教育内容融入家庭生活中去，相信孩子一定能够身心健康地成长，成为一个让父母感到高兴、自豪，长大后对社会作出贡献的好孩子。

12堂家教课 培养孩子幸福力

第十一堂课
创设良好的家庭环境

授课专家

梁雅珠

北京教育科学研究院早期教育研究所原所长，北京市家庭教育研究会副会长。从事学前教育研究30多年，多次参与幼儿园教材编写工作，并主持北京市"十五"重点科研课题"开展对社区0~3岁儿童早期教育的指导的研究"等多项重点课题。曾荣获北京市第三届教育教学成果奖。撰写出版《儿童成长档案》《快乐亲子园实用教材》等多部专著。

精彩观点

- 我们要做让孩子一生不败的父母，就要先学会尊重孩子，不断地支持、鼓励他，给孩子满满的自信。
- 孩子的成长过程是不可跨越的，学校的教育过程也是不能跨越的。
- 家庭教育的核心是做人，家庭教育的特点就是它可以无声，可以不需要备课，也可以不需要冥想苦思，它是一种氛围的教育、人情的教育、互动的教育和耳濡目染的融合。
- 家长对孩子要有一个合理的期待和平和的心态，让我们帮助孩子迈好人生的第一步。
- 一个人生活品质高低，真的不取决于他挣多少钱，人的精神生活追求更加重要。爱因斯坦说，兴趣是最好的老师。

第 4 章　营造绿色健康型家庭

进入新千年之后，社会的发展给学校教育和家庭教育都带来了新的挑战。给孩子创造一个好的家庭环境，让孩子有一个好的开端，我想这是每个家庭的期盼和理想。

孩子成长规律没有变

家庭教育不需要备课，不需要照本宣科，不需要循规蹈矩。家庭教育面临的是不断变化的环境和成长中的孩子。今天我们面临的家庭环境是六位家长围着一个独生子女，我们的期待、想法，可能优于我们的父辈，我们有更多的精力去关注孩子。但在家庭环境变化的同时，社会环境也在变化，我们面临的压力越来越大。每个家长把孩子带到这个世界上，都会有一份焦虑，甚至是焦灼，焦灼变成了家长对孩子成长的一些无奈、着急、恐慌。

在不断变化的社会大环境里，孩子成长规律没有改变，他们都是从无知到有知。传统理念没有变，中华民族有良好的道德传统、教育根基，父母都关注孩子的生命质量。尽管现在社会环境在改变，四处充斥着诱惑，但作为家长，我们首先要做的就是为孩子支撑起一个家。我们不一定能给孩子带来非常丰厚的物质生活条件，但是可以让他们的精神世界得到解放，获得财富；我们不一定能为孩子规划美好未来，但是可以帮助他们开阔视野，让孩子有更多的选择，可以站在人生的制高点上，从小让他们对社会有更清醒的认识，对自己有更深刻的了解。

竞争环境中家庭教育的重点

家庭教育意味着什么？当我们把孩子带到世界上来，这个生物体就实现着一种由自然人向社会人的转化。孩子成长的经历影响着他的未来，而在成长的过程中，父母和老师对待孩子的态度是至关重要的，成人的态度会影响孩子一生的发展。

一个英国的职业保龄球选手，在他的训练生涯中，非常刻苦、努力。每一次在最关键的竞技场上，他都可以取得最后的胜利。赛后，他告诉记者："我能够有今天的辉煌，是因为我有一个非凡的父亲。"他的父亲是一个普通的职业保龄球教练，在父亲的影响下，他从小就在保龄球馆学着父亲和运动员的姿势玩保龄球，而他的父亲总是默默地支持、鼓励孩子的兴趣爱好。无论他将球扔向哪里，父亲永远把目标放在球一定能击中的位置，父亲的行为无声地暗示给孩子，"孩子，相信自己，你出手的每个球都会击中目标！"成年后的他走上竞技场的时候，父亲的身影就出现了，父亲的声音回响着——"孩子，相信自己，你出手的每个球都会击中目标！"父亲的行为在他幼小的心灵中留下了深刻的记忆，这份鼓励，为孩子增加了自信，而自信，使他走向成功。

我们要做让孩子一生不败的父母，就要先学会尊重孩子，不断地支持、鼓励他，给孩子满满的自信。

> 我们要做让孩子一生不败的父母，就要先学会尊重孩子，不断地支持、鼓励他，给孩子满满的自信。

> 教育环境、社会环境都在改变，我们需要思考的是如何让孩子尽快成长起来，让他们拥有快乐的童年，去适应各种环境的变迁，并且能够成为我们中华民族最优秀的人才。

第 4 章　营造绿色健康型家庭

家长的教育观念大不同

多年的学前教育工作，让我亲身经历了不同年代家长在早期教育观念上的转变。

20世纪70年代，我们常常看见家长送孩子上幼儿园的时候，非常关注孩子的饮食，他们会站在幼儿园门前看食谱，关注今天吃什么。因为那时资源匮乏，所以家长更看重孩子是不是吃得好，关心孩子的营养问题。

20世纪80年代，家长注重孩子吃好的同时，也开始关心孩子精神世界的成长，想让孩子学知识，学文化，这是那个年代人们的心情，家长送孩子上幼儿园时，会关注幼儿园墙上的那张"课程表"。20世纪90年代，家长仍然看食谱，看课程表，但对学前教育的判断标准转变为看师德。家长开始关心孩子在学校的每一个发展情况。"今天孩子有没有受到表扬？我的孩子在幼儿园能不能和小伙伴交流？老师今天有没有鼓励他？"家长的教育观念已经发生了很大转变，逐步深入到了孩子的德育教育，更注重孩子心灵成长。

到了新千年，家长更看重的是孩子适应社会的能力，"孩子是不是有高品质的生活？他的审美情绪、创造精神、独立人格能得到培养吗？"所以，现在家长判断学前教育质量的时候，更关注幼儿园的文化是否有利于孩子的成长，幼儿园的管理是否科学，幼儿园的质量如何，幼儿园园长能不能把理想的教育目标落实到实践当中。

教育环境、社会环境都在改变，我们需要思考的是如何让孩子尽快成长起来，让他们拥有快乐的童年，去适应各种环境的变迁，并且能够成为我们中华民族最优秀的人才。

早期教育千万不要过量开采

随着社会变化，随着时代给人们带来了越来越大的压力，家长就会不由自主地将一些压力转向了孩子。我们生活在竞争的环境下，紧张、焦虑有时候就转变为了一种不自觉的家教行动。家长总是想通过各种方法，找到一种捷径达到教育上最小的投入获取最大的效益的效果。其实，孩子的成长过程是不可跨越的，学校的教育过程也是不能跨越的。现在，不仅父母需要面对教育孩子的压力，教育工作者同样承受着一种社会带来的压力。3岁孩子能知道6岁孩子知道的事，没背上书包的孩子就知晓天下，这样太理想化了。我希望家长更负责任地想一想孩子未来的选择，认真地审视一下我们今天对孩子的态度。

在一些家庭中，父母对孩子抱有一种"高期待"。不希望孩子输在起跑线上，都希望孩子成为佼佼者。这种"高期待"会给孩子的成长带来诸多危害。早期教育过量开采会给孩子带来什么呢？孩子就像一座矿山，过量开采总会有挖尽的那一天。超负荷的早期教育

131

> 让孩子在玩中探索，玩中学习，玩中增长智慧，玩中健康成长。对于成长的孩子来说，没有快乐就没有发展。

往往会让孩子产生"还没真正背上书包就已经厌学，还没开始人生的第一步就想退休的想法。"

几年前的一个调查，结果如下图所示。

90%
的家长认为现在的孩子太幸福了。

89%
的孩子觉得自己不幸福。因为孩子觉得生活得太累，学得太苦，生活没意思，天天要上"兴趣班"，学很多"枯燥的课程"。

> 教育要关注孩子发展特点，关注每个孩子的天性，还给孩子应有的权利，给孩子提供成长的空间。

记得有一次我去幼儿园，一个5岁的孩子见到我，拉着我的手说："阿姨，我特别想让我们家着火，我妈天天让我弹钢琴，着火就可以把钢琴烧没了，我就可以玩游戏了。"可怜的孩子，为了逃避学琴，竟想出这样可怕的场景。

孩子没有背上书包，就开始了厌学，甚至会羡慕爷爷奶奶的退休生活。他们为什么那么想逃避现实？为什么惰性越来越强？这值得家长和社会反思，是不是我们给孩子的压力太大了？

学龄前的孩子应该以游戏为基本活动，对于他们，玩也是一种学习，要给他们玩的权利，让他们在玩中探索，玩中学习，玩中增长智慧，玩中健康成长。对于成长的孩子来说，没有快乐就没有发展。

把权利交给孩子

儿童权利发展公约要求我们把应有的权利交给孩子，现实情况是，有些家长不知道如何把权利交给孩子，有时也分不清孩子究竟有哪些权利。比如在饮食方面，孩子无法控制膳食平衡，这不是他们应该具有的权利。然而家长往往过度纵容孩子，让他们自由选择食物，随心所欲，让孩子吃甜食，摄入过量"垃圾食品"。我们倡导应该科学地养育孩子，向他提供最大众、最平衡、最适宜、最丰富的饮食，这是家长的权利。

到了该给孩子权利的时候，家长却往往不能放手。比如，孩子有自由选择兴趣爱好的权利，但这个权利往往被家长剥夺了，孩子明明不爱弹钢琴，却要被强迫每周都去上钢琴课；孩子有自我管理的权利，自我服务的权利，收拾玩具完全是孩子自己的事情，家长不能包办所有的事情，应该把孩子的权利还给他们。

家庭教育的核心

我们要反思家庭教育究竟要给孩子提供什么样的环境。家庭教育的核心是学习如何做人，家庭教育的特点就是无声，可以不需要备课，也不需要冥思苦想，它是一种氛围教育、人情的教育、互动的教育和耳濡目染的融合。家庭教育一般都渗透在现实生活中，双休日，家长牵着孩子的手去看望老人，给年迈的父母买上一些好吃的，这种"孝道"，这种行为就是最好的教育。你对老人什么样，都潜移默化地影响着孩子的想法，这就是无言的家庭教育。我觉得家庭教育的核心充分体现在情和爱上，我们的情和爱就是从琐碎的家庭生活中得来的。其实，要想让孩子成为真正的强者，在社会中受欢迎，我们就要给孩子一个本真的童年时代，让他在良好的社会环境当中，享受家庭的亲情，同伴的友情，然后用他的真情去回报社会。

在家庭教育中，如果家长用一种最大化的功利行为去苛求每一个孩子都成为最优秀的人，是不客观的。 教育要关注孩子的发展特点，关注每个孩子的天性，还给孩子应有的权利，给孩子提供成长的空间。

我们期盼着，在春天里，有更多的孩子奔跑在花园里，而不是奔波于各种培训班。

家长朋友们，我们应该还给孩子一个属于他们的快乐童年。

理性教育孩子

科学饮食

我们的问题是在物质上过度满足，让孩子从小就养成了一种不科学的生活方式。为什么八九岁的孩子就患有高血糖？为什么每20个孩子中就有一个肥胖儿？其实，衡量人口素质首先要看公民的健康指标。培养健康的孩子需要健康的养育观，在物质生活极大丰富的今天，为了让孩子能够健康成长，家长要制定科学的家庭消费方案，让孩子膳食平衡，吃得全面、理性、科学。

给孩子一个健康快乐的童年

家长对孩子要疼爱有度，在精神层面上，满足孩子的需要，给孩子买一些早教的精品读物，还可以给孩子买一些智力玩具，开发孩子的思维能力。家长可以利用休息的时间，带上孩子一起走进博物馆去感受不同的文化气息。最明智的家长则会抽时间把孩子带到大自然中去，这样做既锻炼了体魄，提高了抗高温、抗寒冷、抗病毒的能力，又汲取了大自然的营养，提高了独立判断、主动探索的能力，而且也让孩子体会到了童年的快乐，对孩子身心发展大有好处。

培养孩子的好习惯

好习惯的养成让孩子受益终生。在学习、生活中，从一点一滴做起培养孩子，包括做事专心，上课会听讲，能够控制自己的注意力，自己收拾玩具，自己的事情自己做，对自己的行为负责，比如，能够根据自己听到的天气预报判断明天穿什么衣服等。这些都体现着一个孩子的责任感，是做人的基本素质。

在孩子的学习、生活中，家长要通过小事锻炼孩子的能力，逐步培养他认真、自主地学习，诚实、勇敢的品格，独立自主做力所能及的事情，养成良好的行为习惯。

家长要想帮助孩子提高能力，一定要让他做一些家务，从这个过程中，孩子会逐步养成对自己行为负责的好习惯。好习惯的养成，会让孩子受益终生。

家长要调整心态

家长对孩子要有一个合理的期待与平和的心态，帮助孩子迈好人生的第一步。孩子成长中出现问题是很正常的，没有缺点的孩子是不存在的。家长要端正自己的态度，教育孩子要有方法，讲策略。还要关注孩子成长的关键点，注重孩子基本道德的培养。比如，他会不会分享？他是不是遵守规则？他是否愿意帮助别人？在孩子成长过程中，家长要积极地调整好自己的心态，帮助孩子健康成长。

首先，帮助孩子找到适合自己的爱好。不论别人的孩子喜欢什么，家长要善于发现自己孩子的优势。我的孩子运动是强项，那么，就鼓励他多参加各项运动训练，如果孩子在运动方面有一定天赋，我们就尽可能地满足孩子运动的需要，多培养他运动的能力。培养孩子，一定要尊重孩子的天性，符合孩子的成长规律。

其次，给孩子一个合理的期待。如果你上来就告诉孩子，学习钢琴的目标就是为了考10级，不允许他交朋友、出去玩。最后，即使他通过了10级考试，由于没有兴趣，也只能成为一个弹琴的机器。因此，我们对孩子要有一个合理的期待，从孩子的兴趣出发，培养他们的特长。抱着一个平和的心态，让我们的孩子迈好人生第一步。

留心家庭教育的误区

教育难就难在没有"圣经"可以读，家长需要不断摸索适合自身情况的家庭教育方法。在家庭教育中，也存在诸多误区。

过分追求完美

有这样一类家庭，父母都很优秀，也不允许孩子有一点点闪失。这样的家长忽略了自己面对的是一个成长中的孩子，过分追求完美，不断攀比。这种焦灼的心理，必然带来高控制、高约束的行为，从而让孩子形成了高依赖、高服从。对于这些追求完美的家庭，我们的忠告就是，把温度降下来，给孩子一个合理的期待，给孩子营造发展空间。

让孩子弥补自己的遗憾

有的家长不求孩子最好，但要求孩子有特长。其实，就是让孩子帮助自己完成自己的梦想。家长不要为了自己梦想成真，而把自己的兴趣爱好强加给孩子，让孩子处于被动选择的境地，这样做会让孩子缺乏自信。家长一定要学会尊重孩子的天性，让孩子自己选择。尊重孩子，从我做起。

教育孩子是女性的事

有的家长任孩子自然发展，把孩子交给保姆和老人，或者认为相夫教子只是女性的事，事业才是男性的关注重点。记得有一次我去一所私立幼儿园，孩子们正在以"幸福一家"为主题作画，结果所有孩子交上来的画，画的都是女性，画面里面没有男性。无论我们怎样引导、提示孩子，他们都没有想到父亲这个角色。随后，我们调查了一下，由于父亲忙于事业，经常不在家里，很少与孩子沟通，所以孩子的生活里，已经淡忘了父亲的角色。我奉劝年轻的爸爸们，要做一个对孩子负责任的父亲，为了孩子的健康成长，多陪伴孩子，常与他们沟通。父亲在家庭教育中是不可或缺的。年幼时父爱的缺席，对孩子未来与异性交往的能力的形成和对是非的判断能力的形成都会有影响的。

构建绿色健康型家庭

我们要追求的理想家庭是什么？是一个绿色健康型的家庭。

理想的家庭状态，就是没有污染，没有急功近利，让孩子顺其天性发展

这就要求家长先要读懂孩子的心理。家庭教育要趁早进行，不要等孩子已成为问题儿童时才去关注家庭教育。教育孩子就像给小苗浇水，你每天浇一点，根基才会扎实。在家庭生活中，我们提倡鼓励孩子，把孩子当作朋友，多欣赏他的优点，但也不能随便盲目表扬。理性的家庭首先要把规则制定好，家庭所有的利益、责任、权利要平等，让孩子有一种对自己的行为负责的意识。

家庭教育身教重于言教

其实我们对父母的一份孝心，一个行为，都会给孩子带来不一样的影响。此外，我们要求孩子做的事情，先要审视一下自己是不是做好了，这样才能为孩子建立一个平等和谐的家庭环境，

> 理性的家庭首先要把规则制定好，家庭所有的利益、责任、权利要平等，让孩子有一种对自己的行为负责的意识。

> 构建绿色健康型家庭，家长要注重家庭教育的关键问题，就是如何做人，做人的核心就是养成教育。

才能更有效地教育培养孩子。构建绿色健康型家庭，家长要注重家庭教育的关键问题，就是如何做人，做人的核心就是养成教育。和谐融洽的家庭关系，互相关爱的家庭氛围对孩子的健康成长非常重要。培养孩子做一个好人，家长先要充分地了解孩子，理解孩子，再用科学规律的方法引导孩子，跟孩子共同成长。

培养孩子适应社会的能力

孩子上学之后，家长开始培养孩子学习的能力、态度、动机，学前教育的重点是培养孩子的情感、态度、能力、兴趣。

首先，孩子应该学会生存，要让孩子的身体适应自然环境、社会环境，要合理安排饮食，注意锻炼，保证孩子有健康的身体。

其次，开始培养孩子具备良好的习惯，注重孩子心理健康问题。在生活中，我们要让孩子多接触大自然，多探索，多独立思考，快乐地游戏，并保持一颗强烈的好奇心。

最后，家长应该重视培养孩子健康的个性。让孩子逐步具备社会性的发展人格，孩子的宽容、忍让，孩子敢于承受挫折和磨难，拥有健康的个性，对孩子今后的发展也有着重要意义。

给孩子足够的发展空间

我们说孩子的爱好就如同发展的触角，所以我们不要从小把他的触角按回去。年幼的孩子兴趣转移是很正常的，包括在学龄前阶段，家长不要为了所谓的坚持，让孩子在不感兴趣的世界里挣扎，多个选择对孩子来讲有更大的发展空间，要适量让孩子作出忠于自己的选择，这样我们的孩子会有更广阔的天空。让孩子发展的同时，我们要关注孩子一些基本能力的培养。例如，孩子独立行走的能力，学习说话的能力，自理的能力，等等。

注重培养孩子的兴趣爱好

一个人生活品质高低，真的不取决于他挣多少钱，人的精神生活追求更加重要。爱因斯坦说，兴趣是最好的老师。家长一定要有培养孩子兴趣爱好，注重孩子的个性发展的意识。这也需要家长留出更多的时间多跟孩子交流，了解每一个孩子的内心世界想的是什么。我们都知道性格决定命运，其实就是要从养成教育入手，从行为上去训练孩子，养成好的人格，形成好的习惯，慢慢将这些转变为一种人格修养，这种人格修养积淀下来，就是孩子一生的财富，是孩子人生、命运的奠基石。最后，我和大家一起分享一个《一块地总有一粒种子适合》的故事。

在一个小乡村，有个女孩没考上大学，被安排在本村的小学教书，由于她讲不清数学题，所以不到一个星期，就被学生轰下台了。她是一个特别普通的农村小姑娘，她回到家，母亲告诉她你没有必要为这个伤心，也许有更合适你的事可以做。后来，她随本村小伙伴外出打工，可是她又被老板轰回来了，原因是她做的服装品质不好。母亲对女儿说，人的手脚有快有慢，你一直在念书，你怎么能干得好呢？女儿先后当了纺织工、会计，但是都半途而废了。但是，每当她回到家哭的时候，母亲都给她一个温暖的拥抱。直到30岁的时候，女儿凭着一点点语言的天赋，做了一个聋哑学校的老师，还开了一个残疾人用品店，后来她在许多城市开了残疾人用品连锁店，现在她已经成为一个拥有千万资产的老板。

有一天功成名就的女儿回到家，凑到母亲的身边说："妈妈在我一事无成的时候，您不断鼓励、安慰我，是什么让您坚持这样做？"母亲说一块地不适合种麦子，咱们可以试试种豆子，如果种豆子也不行的话，咱们可以种瓜果，瓜果也长不出来，咱们就撒上一些荞麦种子……因为一块地总会有一粒种子适合它。

母亲的等待，使这个女孩子找到了最适合自己的成长之路，母亲的宽容，给了这个女孩子拼搏的力量，母亲的爱，使这个女孩子成为有用的人才。这个故事告诉我们：要相信自己的孩子，他们每个人身上都有我们不可低估的正能量！

我最欣赏一位教育家的名言：孩子不是我们要塑造的东西，而是我们要发现的人。

我想对家长说

爸爸妈妈、爷爷奶奶都希望孩子有健康快乐的人生，那么，就从我们自己做起，调整那些特别功利、急躁、忧虑的态度的情绪，让我们用平和的心态，慢慢读懂孩子，给予他们鼓励、赏识。让快乐伴随着孩子的成长，让幸福陪伴孩子一生。

第十二堂课
家庭教育中让成长与幸福同行

授课专家

程淮

幸福泉儿童发展集团创始人、首席专家，北京市家庭教育研究会常务理事、"中国婴幼儿潜能开发2049计划"项目主任、中国家庭教育学会儿童早期家庭教育专业委员会副理事长。曾主持中国婴幼儿潜能开发科普万里行慈善公益活动。他是美国《新闻周刊》报道过的中国育儿专家，曾被美国传记协会列入《世界名人录》，并授予"二十世纪成就奖"。

精彩观点

● 家长不仅要关注孩子们的成长指数，更要关注孩子的幸福指数，以及孩子是否拥有一个幸福快乐的童年。

● 家长要对孩子进行积极的引导，鼓励他们充分发挥自己的想象能力，允许孩子天马行空地去想。海阔天空的想象过程，就是锻炼和培养孩子创造力的过程。

● 在培养孩子创造力的敏感期，我们就必须让孩子养成提问的习惯；要把让孩子提出一些有趣的、有价值的问题作为教育的核心目标；而不是仅仅让孩子去做那些知识性、技能性的训练。

● 不争第一，可以创唯一，我就是我，与众不同，因为差异就是资源，差异就是优势。

● 孩子更像一块根雕的原形，一个合格的家长或教师，应当是一位根雕艺术家，要根据这种原形，把孩子雕刻成独特的、美轮美奂的艺术品。

● 人类发展的终极目标是幸福。幸福人生需始于幸福童年。然而，幸福不会从天降，要靠自己去创造。幸福的童年不是成人对孩子们的恩赐，不是培育温室里的花朵。我们在让儿童拥有幸福童年的同时，更要着力培养儿童未来创造幸福的能力。

一位诺贝尔经济学奖获得者曾对政府提出这样的忠告：我们不仅要关注国家的经济指数，也要关注国民的幸福指数。作为育儿专家，我想对家长提出这样的忠告：我们不仅要关注孩子们的成长指数，如身高、体重是否符合年龄标准，IQ（智商）如何，更要关注孩子的幸福指数，如EQ（情商）怎样，以及孩子是否拥有一个幸福快乐的童年。

人类发展的终极目标是幸福。幸福人生需始于幸福童年。然而，幸福不会从天降，要靠自己去创造。幸福的童年不是成人对孩子们的恩赐，不是培育温室里的花朵。我们让儿童拥有幸福童年的同时，更要着力培养儿童未来创造幸福的能力。培养创造幸福能力的三大要素是健康的体魄、创造的智慧和健全的人格。

2～6岁是创造力培养的关键期

2～6岁是培养孩子创造力的敏感期。对学龄前的孩子而言，最重要的是要培养其进行创造性思维和想象的能力，这个阶段，家长要对孩子进行积极的引导，鼓励他们充分发挥自己的想象能力，允许孩子天马行空地去想。海阔天空的想象过程，就是锻炼和培养孩子创造力的过程。

宋朝宰相文彦博"树洞里灌水取球"的故事相信很多人都知道。有一次，我们和孩子们一起做动脑筋的游戏。老师说："球一不小心掉到洞里去了，大家想想，怎么取出来呢？"老师要求每个学生都要想办法，而且不能和别人重复；如果实在想不出新办法，就指出前一个孩子提出的解决办法，在什么情况下行不通，也算通过。结果第一个孩子说："我用火钳把它夹出来，这个洞很浅，火钳就可以夹出来。"第二个孩子就说了："如

12堂家教课 培养孩子幸福力

果洞很深怎么办？火钳能够得着吗？"第三个孩子说："我用长棍子把它取出来，不知道这个洞是横的还是竖的，假如洞是横的，拿个竹竿就能把它弄出来。"第四个孩子说："如果洞是弯弯曲曲的呢？这时用竹竿就不行啦！"第五个孩子说："往洞里灌水，球就自动浮上来了。"（事后了解到妈妈给他讲过这个故事）。突然有个孩子问："如果这个洞漏水了怎么办？"最后一个孩子说："球不要了，让妈妈再给我买一个。"后面这两个孩子在创造力上都表现出比较强的特点。

为什么呢？文彦博树洞灌水取球是千古佳话，似乎是唯一正确的答案，但是第五个孩子竟然提出"洞漏水了怎么办"的新问题，正如爱因斯坦所说的："提出一个问题往往比解决一个问题更重要。"因为解决问题靠的可能只是方法或技巧，提出一个新问题则需要创造性的想象力。最后那个孩子创造力也较强，是因为他非常清楚：老师让我们把球取出来的目的，不就是想玩球吗？如果实在没有办法把这个球取出来，"让妈妈再给我买一个"不就达到有球玩的目的了吗？这种思维具有领袖才能的萌芽，因为领袖就是能把握大方向，及时明确最终目的的人；这也提醒教育工作者和家长，不要只注意教育过程中的正确步骤，而忘记了最终目的。

"提问"开启孩子的创造力

我曾经问过家长，孩子上幼儿园、小学时，你们都问孩子什么样的问题？很多家长的回答是"今天吃什么了？今天学什么了？认了多少字？念了多少儿歌？学了多少算术……"我问家长是否问过孩子："今天你向小朋友和老师提出什么有趣的问题了吗？"结果，在一个上千人的报告会上，没有一个家长举手。我感到很遗憾！在培养孩子创造力的敏感期，我们就必须让孩子养成提问的习惯；要把让孩子提出一些有趣的、有价值的问题作为

> 在培养孩子创造力的敏感期，我们就必须让孩子养成提问的习惯；要把让孩子提出一些有趣的、有价值的问题作为教育的核心目标，而不是仅仅让孩子去作那些知识性、技能性的训练。

> 鼓励孩子提出有趣、有价值的问题是教育的核心目标之一。

教育的核心目标；而不是仅仅让孩子去作那些知识性、技能性的训练。

孩子的想象力是令人惊叹的。 夏天热要用空调，但是开空调容易得空调病，有什么办法来解决这个问题呢？孩子的逻辑思维是这样的：为什么要开空调？热。屋子里为什么热？因为有太阳，太阳是热源。这时，有的孩子就说了：可以在摩天大楼楼顶上安装一个向日葵式的反射太阳热能的机器，这样热量都反射掉了，屋子就凉快了，就不用开空调了。这与美国科学家提出的"太阳盾计划"不谋而合。孩子的想象力和创造力远远超出成人的想象，因为提问、质疑，让孩子打开了充分的想象空间，没有被社会和现实情况所束缚，开启了无限的创造力，不断地冒出新的创意和想法，有的甚至可以运用到实际生活当中。

十几年前，有座煤矿因井下瓦斯爆炸而导致工人死亡。小朋友由此才知道原来工人叔叔下井采煤不仅辛苦，而且有生命危险。怎么避免悲剧重演呢？其中一个孩子就说他有好办法，把地底下的煤直接变成煤气，工人叔叔就不用下井了。大人又问："如果工人叔叔不下井，在哪儿能找到煤呢？"孩子说："我们可以发明一个射地望远镜，往地下一照，不就知道哪有煤，哪没有煤了？"这是十几年前，一个6岁孩子的解决方案，但是让人震撼的是，2009年《科技日报》报道说，现在人类采煤完全可以一不打井，二不剥离地表土，只往地底下插几根管子即可，这就是煤炭汽化技术。原来孩子的大胆想象已经变为现实。

因此，在日常生活中，我们要注意多创设些这样的情境，让孩子发挥想象力和创造力去解决问题。鼓励孩子提出有趣、有价值的问题是教育的核心目标之一。如果我们的孩子今天能在"玩"游戏的过程中运用自己的想象力和创造力去"解决"问题，那么明天他们开始创业时，就有了进行发明创造的能力，这样才可能超越今天的微软、IBM、谷歌等世界500强企业的领导者，中国的乔布斯才会大量涌现！当然想象要立足于现实生活本身，正如陶行知先生所倡导的"生活教育"的理念。所以，我主张让孩子生活在一个真实的环境里，而不仅仅是童话世界中，在真实世界里引导他们运用自己的眼睛真切地观察现实，发挥想象力，从而产生创造性地改变这个世界的强烈愿望，这样他们才能秉承古老的智慧，吸纳现代的文明，成为连接现实和富有创造力的新一代。

溺爱是个温柔的陷阱

一般来讲，家长的育儿有3个境界，如下图所示。

知识型	技能型	智慧型
了解一定的育儿知识。	掌握一些育儿技能。	除了有知识、技能以外，还要掌握一些科学的理念和教育思维，帮助孩子心灵的健康成长。

3个境界中，第三个就关涉到我们所说的孩子的幸福指数问题，因为这要求家长更多地关注孩子心灵世界，注重培养孩子的EQ（情绪智商），而其中尤为重要的是培养孩子的抗挫折能力。

面对同样的困境，不同的抗挫折能力，可能会导致极为相反的结果。举两个例子，1998年，中国发生了百年不遇的特大洪水，有个8岁的小朋友叫江珊，在树上待了16个小时，最后被武警战士救下时安然无恙；而同样，1999年，菲律宾的小朋友尼玛，在树上也待了十几个小时，但被救下来已经死去，解剖发现这个孩子是惊吓致死。类似这种在困境面前因缺乏足够的心理耐受能力和抗挫折能力而导致失败，甚至恶果的还很多。有一些智商很高，学习很优秀的孩子，也会有这样的问题。据媒体报道，北大一位研究生因没有能力找到女朋友就离家出走，另外一位某知名大学历史系研二的男生，据说因为毕业论文开题报告没有通过，就想不开选择了跳楼。所以，较好的抗挫折能力会伴随孩子一生的成长，在他们人生每个阶段遇到困难时，抗挫折能力都像一种疫苗，会帮助他们跨越阻碍、困难，继续前行。

如何培养孩子的这种抗挫折能力呢？这里谈一个关于教育孩子的误区：溺爱。溺爱不是爱，而是"害"，对孩子的成长极为不利。尤其容易让孩子形成很低的抗挫折能力，甚至完全没有抗挫折能力。所以说，对独生子女的溺爱，是个温柔的陷阱。

我有一个理论叫微环境。微环境是直接作用于儿童，并对儿

> 溺爱不是爱，而是"害"，对孩子的成长极为不利。尤其容易让孩子形成很低的抗挫折能力，甚至完全没有抗挫折能力。

> 在教育中，让孩子时时处处争第一，是不现实的，但是可以创唯一，我就是我，与众不同，因为差异就是资源，差异就是优势，要充分发掘孩子的个性与独创性。

童发展的进程产生影响的各种人物、场所、事件的总和。

目前，我们孩子成长的微环境普遍存在质量问题，其中最突出的一点就是家长对孩子保护得太好、太溺爱。曾经有个小学生去野营，饭盒打开一看就愣住了，他不认识里面那个带壳的就是鸡蛋。因为他在家吃的鸡蛋都是家长已经剥好的，这就是溺爱。在这样的微环境下长大的孩子，缺失了对生活、社会、自己的认识，甚至没有分辨是非对错的能力，他的抗挫折能力能强吗？

关于溺爱有一些经典的场景。一个一岁多的孩子摔倒了，有一部分家长赶紧把孩子抱起来，然后做出拍打地面的动作来哄孩子，说："这地怎么回事，把我们宝贝绊倒了。"孩子在人生道路上被绊倒是难免的，绊倒就怪"地"，导致的结果是，孩子将来只会为失败找借口，不会为成功找方法。

其实，家长举手投足之间都是在教育。对待孩子被绊倒这件事，完全可以有不同的教育方法。比如很多家长也会对孩子讲："勇敢点，自己爬起来。"还有另外一种家长，当孩子摔倒刚想哭时，自己也故意摔倒，然后站起来，拍拍屁股，说声"爸爸不哭呢"！这就是榜样的力量，家长在做示范培养孩子一种抗挫折能力。

不争第一，创唯一

家长要有一个正确的观念，就是"不争第一，创唯一"

当前社会上的"成功学"影响到了很多家长的教育，很多家长常常对孩子提出一些不切实际的目标和要求，一味要求孩子追求"更高、更远、更强"，这个高、远、强，不是让孩子自我要求，而是和别的人比较，这样的要求，其实是给孩子一些外界的压力，不利于孩子心理健康地成长。在教育中，让孩子时时处处争第一，是不现实的，但是可以创唯一，我就是我，与众不同，因为差异就是资源，差异就是优势，要充分发掘孩子的个性与独创性。同样是棒，但"你真棒"和"你最棒"，在目标上却有本质区别。"我最棒，你最棒"说明既然有最棒，就有第二棒、第三棒、不棒。而"你真棒"意味着你在这方面棒，他在那方面棒，你是勇敢宝宝，他是聪明宝宝，每个人都有自己不同的长处。所以，我们应当了解、分析孩子的特点，给予其正确的评价，引导孩子树立切实的目标，让孩子能正确地认识自我，让孩子的能力呈"山"字形的发展，即核心的能力强，其他方面中上等就可以了。

表扬鼓励要讲究策略

激励孩子，鼓励孩子的行为，肯定孩子的情感，接纳孩子的情绪，是培养孩子高情商的基础。鼓励要及时，要渗透进生活的方方面面，鼓励、表扬的方式也要有策略，讲方法。

> 鼓励要及时，要渗透进生活的方方面面，鼓励、表扬的方式也要有策略，讲方法。

对于学龄前儿童，当他学习一种新的本领时，每一个小小的进步都可以给予鼓励；但当他已经学会了某一种本领，需要巩固、提高的时候，则可以用间断的、无规律的表扬方法，以激发他挑战自我、提高本领的动机。

比如搭积木，一开始，每搭一块积木，家长就会说"真棒、真棒"。但是如果他已经会搭，但需要搭得更高时，家长就需要采取间断的、无规律的表扬法；往往搭第一块时不鼓励，第二块、第三块搭上以后再鼓励，第四块、第五块又不鼓励，第六块再鼓励，让他保持搭得更高的兴致。此外，家长还得找准鼓励点，并且要充分利用身边的机会进行挫折教育。

正面表扬和抗挫折能力的培养是一个硬币的两面，同步进行，才能培养出孩子的自信心和良好的自我认知，使得他们在遭遇困难时能够意识到自己具有解决问题的能力，在遇到顺境时懂得及时调整自己的状态，如下图所示。

正面表扬 → 培养出孩子的自信心和良好自我认知 ← 抗挫折能力的培养

七招教你提升孩子的抗挫折能力

激励法

孩子需要经常肯定，以帮助他建立自信，增强应对挫折的心理承受能力。孩子只有多次获得成功的心理体验，才能应对失败的考验。被称为世界第一CEO的韦尔奇，小时候因为口吃，别人都笑话他,但是他母亲却说是他脑子太快嘴跟不上。母亲的说法,是对他的肯定,在这种肯定中,他拥有了自信!所以,同样的问题,不同的说法,对孩子自信心的确立也是完全不一样的,家长们要注意采用激励话语鼓励孩子去面对困难。

小步骤法

将困难分解成一个个小步骤,化整成零,一步步逼近目标,最终克服困难,获得成功。

故事法

对待有些孩子,家长可以讲一些小动物、小朋友不怕困难的故事来鼓舞孩子的士气。

榜样法

利用孩子心中的偶像,比如警察叔叔等,教育孩子也要像他们一样。同时,家长要以身作则,在言谈举止上要做出榜样来;有时候家长也要示范面对失败时积极应对的态度。

提醒法

比如,在特定的场合,经常对孩子说"输了不哭""打针勇敢不哭"等,也可以逐渐提高孩子的抗挫折能力。

辩证法

要让孩子身上兼具虎气与猴气。虎气就是霸气,对待困难和挫折,首先是不怕;再一个就是猴气,讲灵活,讲结果。打得赢就打,打不赢就走。另外,要培养孩子的系统思考和辩证思维能力。有晴就有阴,有对就有错,有输就有赢。

狐假虎威是什么?——现象和本质,强和弱的关系。
掩耳盗铃是什么?——存在和意识,虚和实的关系。
刻舟求剑是什么?——动和静的关系。
井底之蛙是什么?——局部和整体的关系,大和小的关系。
通过引导,通过孩子自身的体验,让孩子学会辩证思考,从容面对困难。

个性化法

家长针对孩子不同的气质、性格和能力,采取个性化的教育方案。家长们需要通过仔细的观察来深入了解孩子的个性。我们曾经在幼儿园做过这样的试验,让孩子在跑道上准

> 人生不可能克服所有的挫折和困难，所以培养孩子克服挫折能力的核心就是培养自信、乐观、追求幸福的心理品质，以及自我激励的能力和积极的心态。

备赛跑，老师发口令，说："各就各位……预备……向后跑！"有的孩子听到口令跑了老远，听到"向后跑"，这才转过弯来，这种孩子反应比较快，但是比较不容易拐弯，也就是神经系统兴奋，抑制能力差，这样的孩子的气质特点，心理学称为"胆汁质"；有的孩子跑了两步，反应过来要"向后跑"，转过身来，得了个第一，像小猴子一样反应快，转换也比较快，这样的孩子思维敏捷、反应灵活，这种孩子的气质被称为"多血质"；还有的孩子跑了几步后明白过来是"向后跑"，于是不紧不慢地回过头来，笑眯眯的，觉得挺好玩的，还在琢磨呢，怎么向后跑了，这种孩子，感受性低，反应没那么快，虽然学得慢，却记得牢，被称为"黏液质"；还有的孩子跑了几步，听到"向后跑"，小嘴一噘，小屁股一扭，不跑了，生闷气去了，心里还在想："为什么天天都是往前跑的，今天怎么出这个馊主意，让我往后跑？"这种孩子被称为"抑郁质"，非常的敏感，在困难面前往往会表现出优柔寡断的一面。总之，一个孩子一个样。对孩子的教育必须适合他的脾气、特征，才能事半功倍。比如，对一个胆汁质的孩子，就可以用激将法，以激发他面对挫折的勇气。

当然，人生不可能克服所有的挫折和困难，所以培养孩子克服挫折能力的核心就是培养自信、乐观、追求幸福的心理品质，以及自我激励的能力和积极的心态。当遇到问题的时候有了这种心态，一切问题都不再是问题。

第4章　营造绿色健康型家庭

我想对家长说

　　人类发展的终极目标是幸福。幸福人生须始于幸福童年。然而，幸福不会从天降，要靠自己去创造。幸福的童年不是成人对孩子们的恩赐，不是培育温室里的花朵。我们在让儿童拥有幸福童年的同时，更要着力培养儿童未来创造幸福的能力。

　　孩子绝不是一张白纸，更不是一个面团，可以被人们任意地涂画和塑造，孩子更像一块根雕的原形，一个合格的家长或教师，应当是一位根雕艺术家，要根据他自身的优势特点，把孩子雕刻成独特的、美轮美奂的艺术品。

随堂笔记

写下随堂笔记，留给20年后的孩子，留下成长的印记